Theodor Hampe

Gedichte vom Hausrat aus dem XV. und XVI. Jahrhundert

Theodor Hampe

Gedichte vom Hausrat aus dem XV. und XVI. Jahrhundert

ISBN/EAN: 9783743642706

Hergestellt in Europa, USA, Kanada, Australien, Japan

Cover: Foto ©ninafisch / pixelio.de

Weitere Bücher finden Sie auf **www.hansebooks.com**

Drucke und Holzschnitte des XV. und XVI. Jahrhunderts
in getreuer Nachbildung.

II.
GEDICHTE VOM HAUSRAT

AUS DEM

XV. UND XVI. JAHRHUNDERT.

IN FACSIMILEDRUCK HERAUSGEGEBEN.

MIT EINER EINLEITUNG

VON

Dr. TH. HAMPE

Konservator und Bibliothekar am Germanischen Museum in Nürnberg

STRASSBURG
J. H. Ed. Heitz (Heitz & Mündel)
1899.

GEDICHTE VOM HAUSRAT

AUS DEM

XV. UND XVI. JAHRHUNDERT.

IN FACSIMILEDRUCK HERAUSGEGEBEN.

MIT EINER EINLEITUNG

VON

Dr. **TH. HAMPE**
Konservator und Bibliothekar am Germanischen Museum in Nürnberg.

STRASSBURG
J. H. Ed. Heitz (Heitz & Mündel)
1899.

Die beiden seltenen Druckschriften, deren hier vorliegende getreue Nachbildungen den Bücherliebhabern ohne Zweifel ebenso willkommen sein werden, wie den Litterar- und Kulturhistorikern, verlangen eine kurze Erläuterung, die ihre Erscheinung und ihren Inhalt insbesondere den fachwissenschaftlich nicht vorgebildeten Lesern verständlich macht. Von der Verlagsbuchhandlung aufgefordert, die Drucke mit einem solchen Kommentar zu versehen, habe ich mich dieser Aufgabe gern unterzogen und will im folgenden zusammenfassen, was mir über unsere Denkmäler in litterarhistorischer, bibliographischer, antiquarischer und sprachlicher Hinsicht vor allem bemerkenswert erscheint. In letzterer Beziehung freilich ist es mir trotz eifrigen Bemühens nicht immer gelungen eine sichere Erklärung zu finden, und auch die rein technologischen Fragen, die in den Gedichten hie und da berührt werden, habe ich grösstenteils auf sich beruhen lassen. Die Erklärung dieser zuweilen noch durch mangelhaften Satzbau oder eigene Unkenntnis des Dichters verdunkelten Stellen mag besseren Kennern der mittelalterlichen Gewerbskunde vorbehalten bleiben.

Die Gedichte vom Hausrat, wie sie uns in Handschriften und Drucken aus dem 15. und 16. Jahrhundert in ziemlicher Anzahl vorliegen, sind aus zwei Wurzeln entsprossen. Die eine derselben reicht weit zurück. Es ist die merkwürdige Vorliebe der mittelalterlichen Menschen an langen Aufzählungen. Man erinnere sich etwa der volkstümlichen Heldenepen oder auch des weitschweifigen Titurel-Gedichtes Albrechts von Scharffenberg, in dem die nicht enden wollende Aufzählung fast unbekannter oder überhaupt erfundener Heldennamen nicht selten bis zum Absurden getrieben wird. Auch manche der allegorisch-mystischen Gedichte und Traktate namentlich des 14. Jahrhunderts, wie die «Rede von den 15 Graden», «Zwölferlei Früchte des Abendmahls», «die 12 Kräfte der Seele», «die 37 Namen und Grade der Liebe», «die 15 Zeichen des jüngsten Tages», «von den 7 Gaben des heiligen Geistes», «12 Gegenwürf und 24 innerliche Leiden Jesu Christi», «12 Früchte von dem Leiden Jesu Christi», «die 12 Staffeln der Demut», «das Buch von den 9 Felsen», «die 7 Betrübnisse Mariä», «die 7 Freuden Mariä», «13 Stücke der geistlichen Spur» und viele andere könnten hier als Beispiele angeführt werden, und die frühe Revue-Form des Fastnachtspiels im 15. Jahrhundert geht wohl gleichfalls auf diese Vorliebe für Aufzählungen zurück, die ihrerseits zum guten Teil in der Bequemlichkeit der Verfasser und der Denkfaulheit des Publikums gewurzelt haben mag. Bei solcher Stoffwahl war die Disposition von vornherein gegeben und galt es keine verwickelte Handlung im Kopfe zu behalten.

Die leichtere Einprägbarkeit derartiger poetischer Erzeugnisse hat dann in den Jahrhunderten der vorwaltenden Didaktik immer mehr dazu geführt, in gleicher Weise alles mögliche Wissenswerte in Reime zu bringen: Vorschriften wie man sich in Pestzeiten verhalten solle, Lehren über Kindererziehung («Kinderzucht»), Anstandsregeln über das Benehmen bei Tische («Tischzucht»), Aufzählung dessen, was zu einem wohlgebauten Hause nötig sei, u. s. f. Solchem praktischen Zweck soll auch die überwiegende Mehrzahl der Gedichte von allerlei Hausrat dienen. Sie sollen jungen Leuten, die sich zu verheiraten gedenken, ein möglichst vollständiges Verzeichnis sämtlicher Gegenstände,

die zur Ausstattung eines Hauses gehören, an die Hand
geben, sie dadurch (bei Aufstellung]des anzuschaffenden
nötigen Inventars unterstützen, nebenher auch vor Übereilung bei der Begründung eines eigenen Hausstandes
warnen. Dieser rein praktische Zweck ist die andere
Wurzel, aus der unsere Gedichte erwachsen sind.

Im Keim vorgebildet finden wir den Typus bereits an
verschiedenen Stellen älterer, umfangreicher epischer Gedichte, wie beispielsweise in einem «von den êliuten» betitelten Abschnitt in Hugo von Langensteins «Martina»
aus dem Ende des 13. Jahrhunderts (vgl. Bibliothek des
Litterarischen Vereins Bd. XXXVIII S. 330—32) oder,
mehr als hundert Jahre später, in Heinrich Wittenweilers
«Ring». Man vergleiche in der Ausgabe des Stuttgarter
Litterarischen Vereins (Bibliothek des L. V. Bd. XXIII)
Seite 76, 83, 114 f. und besonders auch auf S. 135 ff.
die Lehren, die der alte «Säychinkruog» dem hitzigen
bäuerlichen Liebhaber Bertschi Triefnas über das Haushalten und den Hausrat erteilt. Etwas später mag das aus
11 sechszeiligen Strophen bestehende Gedicht «Von dem
hausgeschirre» entstanden sein, das Ludwig Uhland (Deutsche Volkslieder Nr. 278) nach einer von 1443—1447
geschriebenen Heidelberger Papierhandschrift (cod. pal.
314. 2⁰ Bl. 98) mitgeteilt hat und das uns auch im Liederbuch der Clara Hätzlerin (ed. Haltaus S. 42 Nr. 35)
überliefert ist. Die beiden ersten Strophen lauten:

> «Ich waiss ain orden darin ist mangem also we,
> er ist vil leuten wol erkant vnd haist: die e;
> der ist so bitter und so scharf,
> wann man so vil darzü bedarf
> von hausgeschirre,
> wer aram in den orden kumt der wirt wol irre.
>
> Wann er nun die schüssel hat so hat er nicht
> ain schüsselkorb der zü gehört, der ist entwicht,
> auch hat er nicht ain pfannen,
> so hebt sich grein und zannen;
> wa leffelfüter?
> im wäre bass dahaim gewesen bei seiner müter.»

Mit Fragen nach allerlei Hausgerät und Aufzählung
zahlreicher Stücke, die man in einem wohl ausgestatteten

Heim füglich erwarten darf, aber in dem dürftigen Hausrat unbedachtsamer und leichtsinniger junger Eheleute vergeblich sucht, geht es fort. Die Einkleidung wie die Tendenz — Diktion und Form weichen noch ab — sind in diesem volksmässigen Liede bereits dieselben wie bei den Gedichten vom Hausrat aus dem Ende des 15. und der ersten Hälfte des 16. Jahrhunderts.

Zwischen diese und das eben behandelte Lied schieben sich zeitlich namentlich noch ein paar Einblattdrucke, die bei Schreiber, Manuel de l'amateur de la gravure sur bois et sur métal au XVe siècle Bd. II, (Berlin 1892) unter Nr. 1989, 1990 und 1991 genauer beschrieben sind. Für uns kommt von diesen Blättern vor allem das dritte (Nr. 1991) in Betracht, das, wenn es auch keine Aufzählung des Hausrats bietet, uns doch einen grösseren Teil desselben in Abbildungen vorführt. Es ist bisher nur in einem einzigen Exemplare bekannt, das dem königl. Kupferstichkabinet zu München angehört. Nach diesem wurde es zuerst von W. Schmidt in dem nur in einer verhältnismässig kleinen Anzahl von Exemplaren gedruckten Werke: Inkunabeln des Holzschnitts aus dem Münchener Kupferstichkabinet veröffentlicht, dann von Alwin Schultz (Deutsches Leben im XIV. und XV. Jahrhundert Fig. 151) auf Grund einer (nicht ganz zuverlässigen) Pause einem grösseren Publikum vermittelt. Auf der beigegebenen Tafel findet sich das interessante Blatt in etwas weniger als 1/4 der Originalgrösse in Autotypie reproduziert. Die Mitte nehmen zwei Liebende ein, die in hügeliger Gegend einander gegenübersitzen. Der Jüngling ist eben im Begriff, der Erwählten seines Herzens den Ehering zu überreichen. Über dem Bilde stehen die Verse:

«Were zu der Ee greyffen welle Der tracht das er dar zu bestelle
Haussrat das er nit mangel hab Hye merck du dirn vnd iunger knab
Wiltu dich hausshaltens nemen an So beacht was du darzu must han
In ein hauss gehort als vil haussrat Das der zehenteil nit hye gemalet stat.»

Die Umrahmung bilden 24 Felder mit Darstellungen von allem möglichen Hausgerät, auf die bei Erklärung unserer Gedichte gelegentlich zurückzukommen sein wird. Als besonders seltene Abbildung eines Gegenstandes, der sich auch kaum in einem Original erhalten haben dürfte, sei hier nur auf das im zweiten Felde wiedergegebene Kandelbrett aufmerksam gemacht. Es ist mit Einschnitten versehen, in welche die Kannen mit dem Fuss, Öffnung und Deckel nach unten, eingehängt werden. Zum besseren Abtropfen des Spülwassers aus den enghalsigen Gefässen war diese Einrichtung praktisch.

Die Rüstungsstücke in dem Felde darunter, die Tracht der beiden Liebenden (lange spitze Schnabelschuhe des Jünglings etc.) und andere Kennzeichen lassen das Blatt mit ziemlicher Sicherheit in die Zeit von 1475 bis 1480 setzen (vgl. auch Schreiber a. a. O. II, 321). Auf einem Felde links unter der Hauptdarstellung hat sich der Formschneider, der wohl zugleich auch der Briefmaler war, genannt: «hanns paur». Schreiber (a. a. O. II, 240) möchte ihn mit einem Nürnberger Kartenmaler gleichen Namens identifizieren, den Joseph Baader (Beiträge zur Kunstgeschichte Nürnbergs I, 5), zum Jahre 1445 nennt. Ich möchte mit W. Schmidt lieber an den «Junghanns Priffmaler» denken, der 1472 das xylographische Buch vom Antichrist herausgab und mit dem Nürnberger Kartenmaler Hanns Paur wohl nicht verwechselt werden darf. Im übrigen lasse ich diese Frage, die für uns nur von nebensächlicher Bedeutung ist, auf sich beruhen.

Mag das Blatt in Nürnberg entstanden sein oder nicht, aller Wahrscheinlichkeit nach hat es ebenso wie die anderen Einblattdrucke ähnlicher Art auf die Produktion der unmittelbaren Folgezeit, die nunmehr zu besprechende Gruppe der wichtigsten Hausrats-Gedichte, Einfluss geübt, vielleicht zur Schaffung des späteren Typus den Anstoss gegeben. Denn wenn auch heute bestenfalls in einigen spärlichen Exemplaren erhalten, müssen jene frühesten gedruckten Flugblätter, jene illuminierten «Briefe», doch jedenfalls in ungleich beträchtlicherer Zahl aus den Offizinen der Formschneider hervorgegangen sein und bei der grossen Beliebtheit, deren sie sich alsbald erfreuten, eine weite Verbreitung gefunden haben.

Der erste, der den hausbacken-volkstümlichen Stoff zu einem längeren Gedicht verarbeitete, war Hans Folz, der Nürnberger Fastnachtspieldichter und Meistersinger. Und nicht nur einmal hat er ihn bearbeitet, sondern in zwei sehr wesentlich von einander abweichenden Versionen liegt uns sein Hausratsgedicht vor, das eine mal als strophischer Meistergesang, das andere mal in der Form des aus Reimpaaren bestehenden Spruches. Das Meisterlied ist uns nur handschriftlich erhalten, da es den Mitgliedern der Genossenschaft namentlich in der Frühzeit des Meistergesangs streng verboten war, ihre in der Singschule vorgetragenen «Pare» durch Drucklegung zu profanieren. Eben diese Vorschrift ist ja auch noch für Hans Sachs mehrfach der Grund gewesen, seine Meisterlieder zu Spruchgedichten umzuarbeiten, um sie dann in dieser Form in Druck ausgehen zu lassen.

Allerdings ist uns der betreffende Meistergesang in der sogenannten Naglerschen Meisterliederhandschrift (cod. Berol. germ. 4° 414 Bl. 373 b — 375 b), nach der er sich im Anhang I dieses Büchleins buchstabengetreu abgedruckt findet, nicht ausdrücklich unter Hans Folzens Namen überliefert. Aber die zahlreichen, oft wortgetreuen Übereinstimmungen zwischen dem Meisterliede und dem von Hans Folz herrührenden Spruchgedicht lassen dennoch über seine Autorschaft keinen Zweifel aufkommen.[1] Schwie-

---

[1] Man vergleiche namentlich folgende Stellen:

Meistergesang	Spruchgedicht
Str. 2: leüchter, liecht seher vnd licht digel.	Leuchter liechtseher vnd ein liecht digel.
prieff an die went	brieff an die wand
Str. 3: hack penck vnd penck schab...	Vnd czu der hackbenck ein banckschaben.
nach dem einr ist arm oder reich.	Nach dem eyner arm ist oder reych.

riger ist die Frage, welches der beiden Gedichte, Meistergesang und Spruch, zuerst entstanden sein mag. Nach dem oben Gesagten könnte man vielleicht auf die Vermutung kommen, dass auch hier, wie meist bei Hans Sachs, der Meistergesang das ältere Gedicht sei. Allein die frühe Zeit des Druckes «Uon allem Hawszrath», den man wohl nach der Tracht der beiden Figuren auf dem Titelblatte, den Typen u. s. w. in den Anfang der achtziger Jahre des 15. Jahrhunderts wird setzen müssen, scheint in diesem Falle doch für die Priorität des Spruchgedichtes zu sprechen. In Nürnberg wenigstens hat um jene Zeit schwerlich bereits eine Meistersingergenossenschaft bestanden (vgl. Mitteilungen des Vereins für Geschichte der Stadt Nürnberg XII. Heft S. 104 f.). Überdies deutet wohl auch die vielfältige Unbeholfenheit und Gezwungenheit des Ausdruckes, die allerdings zum Teil auch in der gewählten Strophenform, Jörg Schillers Maienweis', ihren Grund hat, und der kurz abbrechende Schluss des Meisterliedes darauf hin, dass es aus einem ausführ-

Meistergesang	Spruchgedicht
Str. 4: rot rüben wü mon ir gewont. In die schlaffkamer do ich schleich der hat ein pet senft vnde weich rüet die nacht des seuberleich irt die nit was diez oder das so schlafft ir also frey — Ein strosack spanpet vnd ein deck ein deckpet wü es nit wil kleck ...	Rot ruben hat man yr gwant. Vorth ich in die schlaffkamer schleich Wer dan ein beth hat semfft vnd weych Der rut des nachts vil dester bass So yn nith yrt diss oder das Ein spanbeth vnd ein strosack dreyn . . . . deck Ein deck beth wo das alles nicht kleck ...
nacht schüch nacht hauben zimet auch wer dar on spart der ist ein gauch	Nachtschuch nabhthauben zimpt auch Wer dar an spart der ist ein gauch.
Str. 5: Was sünst dw in der drüen steck von lecküch latwerig confeck ... silber geschir düt mich nit ir	vnd was sunst in den truhen steckt Pfefferkuchen latwergen vnd confect. . . . . silbergeschir Die manchem ym haus nitt fast yrn.
Str. 6: Die Beschreibung des Kellers und seiner Geräte ist im Meistergesang in zwei Teile zerschnitten (vgl. Strophe 3: Weinkeller). Auch im Spruchgedicht zerfällt die Schilderung des Kellers in zwei Abschnitte (Keller und Kellerzeug).	
Auch wirtt nement des kellers war ... perber kraus ... verroret vil ich lobes nicht Hy mit so küm ich auch herein so mon im haus was pessern sol	Nun nempt des kellerczeuges acht probirkrauss wan nicht verrun es wer vil besser Hiemit ich aber weitersingk ... so man etwas bessern sol.

licheren älteren Gedicht, eben unserem Spruchgedicht, zusammengezogen ist.

Wie unsere Nachbildung, die nach dem Exemplar der K. Bibliothek in Berlin (Z. 4267) hergestellt wurde, zeigt, enthält der Druck weder eine Angabe über das Erscheinungsjahr, noch über Drucker und Druckort. Nur der Verfasser hat sich in der Schlusszeile des Gedichtes genannt. Wir wissen von ihm, dass er einige seiner kleinen Schriften, Gedichte und Traktate, selbst gedruckt hat, und zu diesen werden wir ohne Zweifel auch die in Rede stehende offenbar erste Ausgabe des Spruchgedichtes Von allem Hausrat rechnen dürfen. Darauf deuten ausser der zuweilen bis zur Unleserlichkeit gehenden Unklarheit mancher Buchstaben und Wörter namentlich zahlreiche Druckfehler (vgl. fleylsch statt fleysch, nabhthauben statt nachthauben, kinsten statt kisten, vntrewe statt vntewe = undeue, undüue, er czu statt herczu, aussadrauff statt was drauff, mhr statt mehr, flur statt flux, des enden statt des endes etc.) und die höchst willkürliche Orthographie

Meistergesang	Spruchgedicht
Str. 7: vogel hündt kaczen knecht vnd diren vil kerczenlicht on die mon nicht gesicht wol pey der nacht schwert messer spies … auch was ider hant was bedarff nemlich es ist mir vil zw scharff.	Fogel hunde kaczen knecht vnd dirn Gollicht vnd wachs licht an die wyr Des nachts mit nicht vns können geregen. Schwert messer sples … Auch was yedes hantwerck bedarff Solchs czu erczeln wer mir czu scharff.
Str. 8: So das weib mit eim kindlein get grawen vnd kreien ir zw stet mancherley lust sie nit verlet Ein wigen want vnd wigen fein nymet die halben stuben ein solt man halt vngearbeit sein ein wigen panck das vogel gsanck wirt manchem vll zw scharff. So dan des weib geperen sol wirt der mon gepeiniget wol gar ellet heist mon in do hol dy hebam … etc.	Dan so das weib mit einem kint gehet Graw vnd vntrewe ir czu stet Vnd gwint sso manchen glust darbey Ein strosack wigenband ein wygen Kan man hart in ein ecken schmigen Ess nymt die halben stuben ein Solt man darumb vngearbeit sein In die kamer ein wiegen banck Darauff sich hebt dz nachtigal gesanck So dan das weib geberen sol Erst wirt der man gebeyniget wol Mit eiln heist man yn holen die ammen … etc.

des Druckes hin. Für diese letztere sind Schreibungen wie
«gruess» (pl. von krauss, krůse, Krug), «Fur die czůghen
drunck» (= für die zu jähen Trůnk', zur Vermeidung zu
raschen Trinkens), «czam vnd vild» (zahm und wild),
«geschlecx» (Geschlecks) «czuuorsten» (zu verstehen), «dar-
hyn» (darin) «Geben» (= gewen, gewöhne) und viele an-
dere bezeichnend genug.

Der früheste uns bekannte Nachdruck des Folzischen
Gedichtes Von allem Hausrat stammt aus dem Jahre 1493
und ging aus der Offizin von Marx Ayrer und Hans Per-
neck in Bamberg hervor. Al. Reifferscheid hat über diesen
seltenen Druck, der hie und da von dem Original nicht
unerheblich abweicht, nach einem Exemplar der Bibliothek
des Senators Culemann in Hamburg im VIII. Bande der
Zeitschrift für deutsche Philologie (1877) unter dem Titel
«Zur Folzbibliographie» berichtet.

Einen anderen alten Druck führt G. E. Waldau im
zweiten Bande seiner «Neuen Beyträge zur Geschichte der
Stadt Nürnberg» (Nürnberg 1791) S. 174 f. an. Ein Exem-

Meistergesang	Spruchgedicht
Str. 9: Ein kinsmelt und ein kins pfenlein milch mel lüdel schlotterlein klein ein firbang der mus aůch da sein gewelchtes wax da mit mons nachts kreücziget vnde licht —	Kyndes melt ludel ein schlotterlein Milch mussmel digel mus da seyn Ein furhangk wu es ist der sit Weywasser wurtz geweichts wachsmit Do man nechtlich mit kreucz vnd weigt . . . .
Erst hebt sich grisgramen der zen dy kellerin geit zw versten . . . Hat einer dan kein hinder hůt frew dich der zinst get aůch daher das ich manch lar aůch inen worden pin.	Erst hebt sich grisgramen der czen Im gibt die kellerinne czunorsten . . . Hat dan der man keyn hinterhut Frew dich der czins get auch daher . . . . wan ich bin Sein drei lar innen worden eben.

Nicht unerwähnt soll bleiben, dass die Diktion des Meistergesangs an
einigen Stellen dem späteren Gedicht Hans Sachsens näher steht als dem
Spruchgedicht Folzens. Man vergleiche:

Meistergesang.	Hans Sachs.	Folz' Spruchgedicht.
Str. 2: hackpret hackmes- ser mit.	Ein Hackpret Hackmes- ser darzw.	Hackmesser stuckmesser hackbret.
Str. 3: vamloffel So mon nůn in das pad wil gan ein krůg mit laügen můs mon han	Faimlöffel Wen man den in das pad mues man han . .	schaumlöffel. Darnach was als ghort yns badt Ein krugk mit lawen ist nith schad.

plar desselben befand sich (nach Waldau) in einem Sammelbändchen in Duodez (wohl kl. 8º) der bekanntlich seitdem in alle Winde zerstreuten Ebnerischen Bibliothek in Nürnberg zusammen mit einer Reihe anderer Werke des Hans Folz. Keines dieser Stücke wies eine Jahreszahl auf, sie alle waren aber «zu Nürnberg aus Hanns Stüchsens Presse» hervorgegangen. Mir ist dieser Druck bisher nicht zu Gesicht gekommen. Da indessen Hans Stuchs in der That um 1520 mehrere Folzische Gedichte und zwar gerade diejenigen, welche Waldau als

Meistergesang.	Hans Sachs.	Folz' Spruchgedicht.
Str. 5: In der speis kamer müs mon han ...	Auch mustw haben im vorat in der speiskamer frue vnd spat ...	Vorth ich in die speysskamern kum Nach anderm ding czu sehen vmb Die man czu der narung mus han ..
Str. 7: Von schwarcz vnd weisser farb ein zwirn	Ein schwartzen vnd ein weisen zwirn.	[fehlt]

Indessen diese wenigen Übereinstimmungen fallen gegenüber der grossen Zahl jener vorhin angeführten nicht schwer ins Gewicht und erklären sich ja überdies am einfachsten aus der Thatsache, dass Hans Sachs den fraglichen Meistergesang gekannt hat. Der Naglersche Meisterliedercodex nämlich, in dem uns derselbe erhalten ist, steht in naher Beziehung zu Sachs, ist vermutlich die häufig allerdings fehlerhafte und mit mangelndem Verständnis hergestellte Abschrift einer Sammlung von Meisterliedern, die Hans Sachs auf seiner Wanderschaft und in der ersten Zeit seines Lernens und Dichtens zusammengebracht hat. Ich habe über die Handschrift in den Mitteilungen des Vereins für Geschichte der Stadt Nürnberg XI (1895) S. 174 f. ausführlicher gehandelt. Schon die teilweise recht verworrene und verständnislose Wiedergabe unseres Liedes könnte als Argument dafür gelten, dass an Hans Sachs selbst als Schreiber des Naglerschen Codex schwerlich gedacht werden darf.

Wie die Dinge liegen, wäre nun schliesslich an dieser Stelle noch die Frage zu erörtern, ob Einzelheiten in Hans Sachs' Gedicht darauf schliessen lassen, dass ihm ausser dem Meistergesang auch das Spruchgedicht Hans Folzens bekannt gewesen sei und als Vorlage gedient habe. Die Übereinstimmungen zwischen den beiden Spruchgedichten, die nicht bereits durch Hans Sachsens Kenntnis des Folzischen Meistergesangs erklärt werden, beschränken sich auf die Ähnlichkeit der Verse und Gedanken: «vnd weib vnd kint wiss czu (er)nern» (Folz) und «Vnd darzw weib vnd kind erneren» (Sachs), «Aufheb schusseln vnd czu leg teller» (Folz) und «Ein aufheb schüsel, Ein zwieg deller» (Sachs), sowie auf die gleichmässige Erwähnung des «riebeisen» (Folz: reybeissen), «schüsselkorb», «durschlag», «kuerlein» (lies «kunerlein», Folz: «kuner»; der Meistergesang hat dafür «pipen»), «hamer», «negel», «hobel», «laitren» und «mueller» in den beiden Gedichten. Die Aufzählung dieser Dinge fehlt im Meistergesang. Wie man sieht, sind die Übereinstimmungen nicht derartig, dass man zur Annahme von Entlehnung oder Anlehnung seitens des jüngeren der beiden Dichter gezwungen wäre. Sie könnten sehr wohl auf Zufall beruhen. Möglich bleibt indessen selbstverständlich auch, dass Hans Sachs beide Gedichte Folzens, den Meistergesang und das Spruchgedicht, gekannt und benutzt hat.

mit dem «Hausrat» zusammengebunden aufzählt, aufs
neue hat in Druck ausgehen lassen, so dürfen wir an
der Richtigkeit von Waldaus Angaben nicht wohl zweifeln. Auch dieser Druck wich — wenn Waldaus Abdruck
(a. a. O. S. 160—174) buchstabengetreu ist — von dem
Originaldruck Folzens, der als Vorlage gedient zu haben
scheint, in Einzelheiten verschiedentlich ab. Die erwähnten hauptsächlichsten Mängel des Dilettantendrucks sind
zu beseitigen versucht worden; freilich haben sich dafür
wieder andere Druckfehler (kandelbart statt kandelbret,
beym gesten statt bey gesten u. s. w.) eingeschlichen.
Ein nicht völlig getreuer Wiederabdruck der von Waldau
bekannt gegebenen Version findet sich in Johann Adam
Götz' Hans Sachs, IV. Bändchen (Nürnberg 1830) S.
152—162.

Möglicherweise in einem alten Augsburger Drucke
endlich (vgl. J. M. Lappenberg im Anzeigeblatt der Wiener
Jahrbücher 1828, S. 20, A. v. Keller, Fastnachtspiele,
in der Bibliothek des Litterarischen Vereins Bd. XXX S.
1464) liegt uns das Folzische Gedicht in einem aus 13
Stücken bestehenden Sammelband der Hamburger Stadtbibliothek vor, aus dem Keller es im dritten Bande der «Fastnachtspiele» S. 1215—1222 mitgeteilt hat. Die zahlreichen
Übereinstimmungen zwischen diesem und dem von Waldau
benutzten Druck gegenüber dem Originaldruck Folzens und
dem zumeist abseits stehenden Bamberger Druck — die
genaueren Nachweise würden diese Einleitung über Gebühr hinausdehnen und beschweren — lassen mit ziemlicher Sicherheit darauf schliessen, dass dem — sagen wir
also: Augsburger Drucker lediglich der oben erwähnte
Hans Stuchs'sche Druck vorgelegen hat.

Schon die Thatsache, dass uns von dem Spruchgedicht Folzens vier alte Ausgaben bekannt sind, würde darauf schliessen lassen, dass sich das Werkchen besonderer
Vorzüge erfreut. Denn eine trockene gereimte Aufzählung
des wichtigsten Hausgeräts allein würde gewiss nicht zu

so offenbarer und langdauernder Beliebtheit geführt haben. In der That hat sich denn auch der Dichter mit einer solchen Aufzählung nicht begnügt, sondern er hat als praktischer und in vielen Dingen erfahrener Mann allerlei nützliche Winke und gute Lehren eingeflochten und überdies das ganze mit seinem kräftigen, herzhaften, wenn auch zuweilen etwas derben Humor durchtränkt, der namentlich gegen den Schluss hin, wo von den Erfordernissen des Kindbetts, den zahlreichen Bedürfnissen des Neugeborenen und der Wöchnerin, den weitgehenden Ansprüchen der «Kindbettkellnerin» und der Amme ausführlich gehandelt wird und der Dichter die Form der Aufzählung fast ganz verlässt, bedeutender Wirkungen fähig wird. Eine treffende volkstümliche Ausdrucksweise und eingestreute Sprichwörter tragen nicht selten noch zur Erhöhung derselben bei.

Ich möchte in dieser Beziehung, insbesondere auch was die Urwüchsigkeit betrifft, das Folzische Gedicht sogar über das um mehrere Jahrzehnte spätere des Hans Sachs «Der ganze Hausrat» stellen. Dieses ist zwar viel glatter in Form und Ausdruck und kunstmässiger in Aufbau und Einkleidung; dafür aber ist, wie denn das Ganze ernster und lehrhafter gehalten ist, der Humor und Witz, der Hans Sachsens Werken sonst in so hohem Maasse eignet und sie vielfach allein noch heute auch für Laien geniessbar macht, nicht zu seinem vollen Rechte gekommen. Im allgemeinen finden sich in die Aufzählung des Hausgeräts nur wenige Nebenbemerkungen eingeschoben, und reichere Ausbeute in dem angedeuteten Sinne gewähren fast lediglich die Ausführungen über die Sorgen und Nöte, die ein Wochenbett auch für den Vater des neugeborenen Kindes mit sich bringt — allerdings, müssen wir hinzusetzen, zum guten Teil auf Kosten Hans Folzens, dem gerade hier Auffassung und Behandlungsweise, dazu einzelne Stellen fast wörtlich direkt entlehnt sind.

Und zwar diente dem Dichter bei seiner vom 12. De-

Beilage zu: Drucke u. Holzschnitte des XV. u. XVI. Jahrh. II. Verlag von Heitz & Mündel Strassburg.

zember 1544 datierten Umarbeitung, die sich als Anhang
II nach der eigenhändigen Niederschrift Hans Sachsens in
dem der königlichen Bibliothek zu Berlin gehörigen fünften Spruchbuche (Bl. 100—103) abgedruckt findet[1], sicher
der Meistergesang Folzens und vielleicht auch dessen
Spruchgedicht — vgl. darüber S. 14, Anmerkung — als Vorlage. Ob Hans Sachs das Gedicht noch in demselben
Jahr 1544 zum Druck befördert habe, wie E. Weller (Annalen der Poetischen National-Literatur der Deutschen im
XVI. und XVII. Jahrhundert II, 371 und Der Volksdichter Hans Sachs und seine Dichtungen. Eine Bibliographie
S. 44 Nr. 68) und nach ihm andere angenommen haben,
scheint mir zweifelhaft. Das Exemplar, auf das sich Weller bezieht, ist wohl zweifellos dasselbe, das sich bei Will,
Bibliotheca Norica III, 787 unter e, also als Teil eines
Sammelbandes, angeführt findet. Bei Will heisst es jedoch
nur «Der gantz haussrat s. a.», während wir bei Weller,
(Hans Sachs-Bibliographie Nr. 68) die ausführlicheren
Angaben lesen: «Der ganz haussrat bey drey hundert stuck.
Am Ende: Gedruckt durch Hans Guldenmundt. o. J. 5
Bl. 4⁰ m. Titelholzschn.» Das würde doch wohl darauf
schliessen lassen, das Weller nicht einfach aus Wills «Bibliotheca» entlehnt, sondern das Buch auch wirklich selbst
gesehen habe. Andererseits aber fehlt das betreffende Schriftchen der Willschen Büchersammlung in der Nürnberger
Stadtbibliothek schon etwa seit der Mitte unseres Jahrhunderts und vielleicht noch länger. Bereits Ghillany
(Stadtbibliothekar bis 1856) hat dieses Fehlen im Kataloge
kurz vermerkt. Sollte demnach Weller nicht doch vielleicht das kurze Zitat bei Will für den II. Band seiner
«Annalen» von 1864 (wo übrigens vom Titelholzschnitt,
sowie von Stelle und Wortlaut des Druckervermerks noch

---

[1] Die von einem Beamten der Strassburger Landes- und Universitätsbibliothek hergestellte Abschrift hatte Herr Geheimrat Barack die Freundlichkeit mit dem Originale zu vergleichen.

nicht die Rede ist) und für seine Bibliographie von 1868 frei nach der Ausgabe von 1545 ausgestaltet haben? Die Nürnberger Stadtbibliothek wenigstens besitzt keinen anderen Druck, der hier in Betracht kommen und Weller vorgelegen haben könnte. Auch die Bibliothek des Germanischen Museums hat die erwähnte Ausgabe nicht; ebensowenig die k. Hof- und Staatsbibliothek in München, die Königliche Bibliothek in Berlin und die kais. Landes- und Universitätsbibliothek in Strassburg, an welche Anstalten ich mich in dieser Sache mit einer Anfrage wandte. Es war mir daher nicht möglich, die Angaben Wellers nachzuprüfen. Doch halte ich es an sich weder für wahrscheinlich, dass, da doch das Gedicht erst am 12. Dezember 1544 verfasst und uns aus dem Jahre 1545 bereits ein Druck bekannt ist, eine diesem vorangehende frühere Ausgabe sollte existiert haben und alsbald vergriffen worden sein, noch sehe ich überhaupt irgend eine Nötigung, anzunehmen, dass eine solche undatierte Guldenmundsche Ausgabe noch vor 1545 entstanden sei. Sie könnte ja ebensogut — Guldenmund druckte noch 1555 — ein Wiederabdruck der Ausgabe von 1545 sein. Gewissheit über diese Frage würde sich vielleicht, wenn uns ein Exemplar der undatierten Ausgabe vorläge, aus einer genauen Textvergleichung gewinnen lassen; vielleicht, nicht zweifellos, denn auch die späteren Drucke weichen — abgesehen von der Orthographie — nur in wenigen zumeist ziemlich bedeutungslosen Punkten von der älteren Ausgabe oder dem Text der Berliner Handschrift ab.

Auf den Druck von 1545 (5 Bll. 4°), der auf dem Titelblatte ausser dem Titel «Der gantz haussrat» nur noch einen Holzschnitt (junger Mann im Gespräch mit einem Mädchen) aufweist, während die Jahreszahl und die Angabe «Gedruckt durch Hans Guldenmundt» sich am Ende des Gedichtes findet, folgen zeitlich die beiden von Weller (Annalen II, 371) angeführten Ausgaben «Gedruckt zu

Nüremberg, durch Georg Merckel, Wonhafft auff dem
newen baw bey der Kalckhütten», in denen unser Spruchgedicht zusammen mit Hans Sachsens «Rat zwischen einem
alten Mann und jungem Gesellen dreier Heirat halben»
erscheint. Die eine dieser Ausgaben trägt die Jahreszahl
1553, die andere ist nicht datiert, stammt aber vermutlich
aus dem gleichen Jahre. Beidemale ist jedem der beiden
Gedichte ein Titelholzschnitt beigegeben. Derjenige des
«Hausrats» stellt die Eingangsszene dar: der Dichter sitzt
mit den Seinigen zu Tisch, da kommt eilig «mit grossem
Geschell» der unüberlegte junge Freiersmann und bittet
ihn, sein «Heiratsmann» d. h. sein Brautwerber zu werden.
— Auf die beiden Merkelschen Ausgaben folgt der Abdruck des Gedichtes im ersten Band der Nürnberger Folioausgabe von Hans Sachsens Gedichten (S. 440 f.), der,
von Christoph Heussler in Nürnberg gedruckt, 1558 im
Verlage des Augsburger Buchhändlers Georg Willer erschien. Dieser Druck (mit der nach Ausweis der Handschrift des Dichters unrichtigen Datierung des Spruches
vom 10. Dezember 1544) liegt dem Neudruck in der von
Adelbert von Keller und nach dessen Tode von Edmund
Goetze besorgten grossen Tübinger Hans Sachs-Ausgabe
(Bibliothek des Litterarischen Vereins Bd. CV S. 339—344)
zu Grunde, doch finden sich hier auch die geringen Abweichungen der noch zu Hans Sachsens Lebzeiten erschienenen zwei weiteren Nürnberger Folioausgaben (oder
richtiger: Auflagen) aus den Jahren 1560 und 1570 sowie der
Kemptener Quartausgabe von 1612 vermerkt. Zudem hat
Goetze in den «Nachträgen und Berichtigungen», die dem
21. Bande der Tübinger Ausgabe (Bibl. d. L. V. Bd. CXCV)
beigegeben sind, auf S. 408 bereits die Abweichungen der
Handschrift, des fünften Spruchbuchs, dieser wichtigsten
Grundlage für die Textgestaltung, in Kürze mitgeteilt.
Endlich sei noch ein Einzeldruck unseres Gedichtes aus
dem Jahre 1560 ohne Angabe des Druckorts oder Druckers
erwähnt, von dem sich ein Exemplar im Brittischen Mu-

seum in London befindet. Von der Aufzählung späterer Abdrucke sehe ich hier ab.

Vergleicht man Zeile für Zeile den Text der drei wichtigsten Ausgaben von 1545, 1553 und 1558 mit der Handschrift, so nimmt man durchgehende Verbesserungsversuche höchstens hinsichtlich des Metrums wahr, indem — offenbar von Hans Sachs selbst — durch Hinzufügung von Flickwörtern oder Streichung entbehrlicher Silben ein möglichst regelmässiger Wechsel von Hebung und Senkung zu erreichen gesucht wird. Im übrigen bietet zwar der Druck von 1545, der immerhin vielleicht als die authentischste Fassung gelten kann, eine Reihe besserer Lesarten, als sie die Handschrift aufweist[1], daneben aber auch mehrere Verschlechterungen, die zum Teil auf Druckfehlern beruhen mögen.[2] Ganz ähnlich ist das Verhältnis der

---

[1] Man vgl.: Hs.: Ein küelkessel, kandel vnd Flaschen
Ausg. v. 1545: E. k., k., stentner vnd flaschen
Hs.: Rosin, mandel vnd weinperlein
Ausg. v. 1545: Von mandel vnd von w.
Hs.: kuerlein (Schreibfehler für kuĕrlein = kunerlein)
Ausg. v. 1545: kunerlein
Hs.: Ein Stentlein vnd Etlich kandel (schlechter Rhythmus)
Ausg. v. 1545: Ein wein stentlein vnd etlich kandel
Hs.: Sawr krawt, payrisch rueben vnd weis rueben
Ausg. v. 1545: Saurkraut, Bairisch vnd weiss ruben
Hs.: Gelt Silber geschirr von pocalln
Ausg. v. 1545: Gelt, silbergeschirr, vergult pocalln
Hs.: slaider. Ausg. v. 1545: schlayr
Hs.: Zw deim handl in dein werckstat
Ausg. v. 1545: Zu dem handel in dein werckstat
Hs.: fischack. Ausg. v. 1545: fischsack
Hs.: küszichen. Ausg. v. 1545: küsszichen
Hs.: vbs. Ausg. v. 1545: obs (Obst)
Hs.: Der Hawszinst lawft dir auch da her [im Reim auf daher]
Ausg. v. 1545: Der hausszinst laufft dir auch nicht leer [so auch die späteren Drucke]
Hs.: Ich hab es nit so weit pedacht
Ausg. v. 1545: Ich habs vor nicht so weyt bedacht
Hs.: In drewen darmit zw pedewten
Ausg. v. 1545: In trewlich damit zü bedeuten

[2] Man vgl.: Hs.: Erzelen wil doch ongefer
Ausg. v. 1545: Wil erzelen, doch on all gfer
Hs.: «Zwieg deller». Ausg. v. 1545: Zieg deller
Hs.: «Lawgen, saiffen, holtz vnd aschen
Ausg. v. 1545: Laugn, sayffen, holtz, vnd güten aschen
Hs.: Halshem, facilet, goller nach den
Ausg. v. 1545: Halsshem, facilet vnd nach dem [ebenso die späteren Drucke
Hs.: schaw in solcher armuet vnd mue
Ausg. v. 1545: Schaw solcher armüt vnd auch müe, etc.

beiden Merkelschen Drucke (1553) und der Folioausgabe von 1558, die enger zusammen gehören, zur Ausgabe von 1545. Sie übernehmen zwar zumeist die besseren Lesarten derselben, fügen auch noch kleine textliche und insbesondere metrische Verbesserungen hinzu, weisen zugleich aber auch manche Verschlechterungen und Verstümmelungen des Textes, die ohne Zweifel wieder vielfach dem Drucker zur Last fallen, auf. Nach alle dem bin ich doch zweifelhaft, ob es, wären uns Handschrift und Drucke — denjenigen von 1560 habe ich nicht vergleichen können — sämtlich ohne Jahreszahl überliefert, gelingen würde, die zeitliche Aufeinanderfolge und das Abhängigkeitsverhältnis aus einer Vergleichung der Texte richtig zu erkennen.

Das Hans Sachsische Spruchgedicht ist vorstehend gleich im Anschluss an die beiden Folzischen Gedichte besprochen worden, da es in nahem Zusammenhange mit diesen steht, mit ihnen e i n e Gruppe bildet. Den chronologischen Gang unserer bisherigen Betrachtung innehaltend würden wir unsere Aufmerksamkeit zunächst demjenigen Gedicht zuzuwenden gehabt haben, das in der vorliegenden Veröffentlichung an zweiter Stelle in Facsimiledruck wiedergegeben ist, einem aus 13 Blättern bestehenden und mit neun verschiedenen Holzschnitten geschmückten Quartheftchen ohne Angabe des Jahres, des Ortes oder des Druckers, dessen Titelblatt ausser einem später noch einmal wiederkehrenden Holzschnitte nur die sechs Verse aufweist:

«Hie in finstu zū einē nuwē Jar
Einen Hussrat den hon ich dir für war
Vss der nesten Mess für ein Krom gebracht
Nim es yetzund vergūt und nit veracht
So wil ich zū nest hass an dich gedencken
Vnd wil dir etwas vil bessers schencken.»[1]

---

[1] Die Facsimilierung ist nach dem Exemplar der Bibliothek des Strassburger Priesterseminars erfolgt. Für die gütige Überlassung desselben zu diesem Zweck sei dem Vorstand der Bibliothek, Herrn Professor Müller, auch an dieser Stelle der verbindlichste Dank gesagt.

Die einzelnen Bogen sind mit Ausnahme des letzten, unvollständigen bezeichnet, der erste auf dem zweiten Blatte mit ii, auf dem vierten mit iiii, der zweite auf den beiden ersten Blättern mit b bezw. bii, der dritte nur auf dem zweiten Blatte mit c ii, indessen sei gleich hier hervorgehoben, dass mit diesem dritten Bogen dem Drucker und Händler ein Versehen passiert ist. Der Bogen hätte in der Mitte auseinandergeschnitten, die so entstehenden beiden Teile desselben einzeln hintereinander geheftet werden müssen. Der Leser muss demnach auf die Lektüre von c I zunächst die von c IV, dann von c II und c III folgen lassen. Da es sich bei der vorliegenden Ausgabe um eine getreue Nachbildung des alten Druckes handelt, haben wir auch diesen Irrtum nicht verbessern zu sollen geglaubt.

Wenn ich oben andeutete, dass unser Druck dem Hans Sachsischen Gedicht zeitlich vorangehe, so scheint diese Annahme in Widerspruch zu stehen mit der Vermutung E. Wellers, der im II. Bande seiner Annalen (Freiburg i. B. 1864) S. 371 das Gedicht in das Jahr 1544, also in das Entstehungsjahr des Hans Sachsischen Spruches zu setzen geneigt ist. Gründe hat er für diese Datierung allerdings nicht angeführt und dieselbe auch in seiner Hans Sachs-Bibliographie (Nürnberg 1868) S. 45 wieder fallen gelassen. Überdies bezog sich Weller, wenn wir uns auf seinen Abdruck der Überschrift verlassen dürfen, wohl auf eine andere, vielleicht spätere Ausgabe, denn die erste Zeile «Hie finstu zu eine nuwe Jar» weicht von der oben zitierten unseres Druckes verschiedentlich ab, und in der dritten Zeile liest man bei Weller «Kron» (statt «Krom») in der vierten «yetz vnd vergut» (statt «yetzund vergût»).[1]

Jedenfalls genügt ein Blick in das hier in Nachbildung

---

[1] Ein anderes Exemplar unseres Druckes befindet sich in der Bibliothek der Dominikaner zu Frankfurt a. M. (kl. 4° Nr. 2305). Nach diesem fertigte Professor Ehrmann eine Abschrift, die sich in der Landes- und Universitätsbibliothek in Strassburg befindet.

vorliegende Schriftchen, um zu erkennen, dass die Datierung 1544 für diesen Druck eine zu späte ist. Ohne Zweifel trifft der Verfasser des Kataloges der Kunst- und Gewerbeausstellung zu Strassburg 1895 (Dr. Schorbach) weit eher das Richtige, wenn er (unter Nr. 1486) unseren Druck etwa in das Jahr 1514 setzt. Als Druckort nennt er Strassburg, und in der That kann zunächst als ausgemacht gelten, dass das Büchlein für ein Strassburger Publikum berechnet war und wohl auch der ungenannte Verfasser des Gedichts in Strassburg ansässig gewesen ist und dem Kreise Sebastian Brants nahe gestanden hat. Es ergiebt sich das mit annähernder Gewissheit vor allem aus zahlreichen den Elsässer verratenden Dialektformen, Ausdrücken und Redewendungen, die zuweilen sogar speziell auf Strassburg deuten (vgl. schnotfisch etc.), aus der zweimaligen Nennung dieser Stadt (Bl. c II α und c II β [1]), der Anschauung, dass Frankfurt am Main schon im «Niderland» d. h. rheinabwärts liegt (Bl. a II β) und der rühmenden Erwähnung des «doctor Brant» und seines «Narren büchlins» (b I α). Man wird daher auch mit grosser Wahrscheinlichkeit auf einen Strassburger Drucker schliessen und vielleicht in erster Linie an Johann Grüninger, der in Strassburg von 1483 bis 1531 druckte, denken dürfen. Der Umstand, dass das Initial-N auf Bl. a II α unseres Druckes einem nachweislich von Grüninger verwendeten Alphabete angehört — vgl. Paul Heitz, Der Initialschmuck in den elsässichen Drucken des XV. und XVI. Jahrhunderts. II. Reihe (Strassburg 1897) S. 6 — sowie ferner, dass der Holzschnitt auf Blatt a IV β sich auch in Geilers Brösamlin (Strassburg, Joh. Grüninger, 1517) 1. Abteilung, Bl. LXXXII b aufs neue verwandt findet, scheint darauf hinzudeuten. Die Typen selbst decken sich zwar nicht

---

[1] Mit der Lokalität «vff rüwern owen» ist wohl die Gegend beim Reuererkloster — auf alten Karten: zun reweren, zun reueren etc. — gemeint.

ganz mit den in Grüningerschen Drucken sonst vorkommenden, und auch der Zeichner und Formschneider, der für unseren Hausrat die Abbildungen lieferte, ist — etwa durch die übereinstimmende Technik dieser Holzschnitte und der Illustrationen in anderen Werken der Grüningerschen Offizin — als für Grüninger arbeitend, so viel ich sehe, nicht sicher nachzuweisen. Aber ebensowenig ergeben sich hinsichtlich dieser beiden Punkte augenfällige Übereinstimmungen mit Werken anderer Strassburger Drucker jener Zeit, sodass man bis auf weiteres wohl an Grüninger wird festhalten dürfen.

Das Gedicht stellt sich gewissermassen als eine Art Glückwunsch zum neuen Jahre dar, wobei aller möglicher Hausrat, den man sich nur irgend wünschen kann, zugleich als ein Mess- oder Kirchweihangebinde dem Empfänger — freilich nur in Bild und Wort — dediziert wird. Die Einkleidung ist also eine wesentlich andere als bei der früher besprochenen Gruppe von Gedichten. Ebenso weicht die Anordnung des Stoffes insofern ab, als nicht, wie bei Folz und Sachs, eine Einteilung in einzelne Abschnitte nach den verschiedenen Räumen des Hauses (Stube, Küche, Speisekammer, Keller, Schlafzimmer u. s. w.) vorgenommen ist, sondern die Aufzählung der mannigfachen Dinge ziemlich planlos, nur Zusammengehöriges im allgemeinen auch zusammen behandelnd, verläuft und infolgedessen nicht selten — vgl. namentlich die Stellen über die verschiedenen Fischarten, Schiffe u. s. w. — weit über das eigentliche Hausrat-Thema hinausschweift. Abgesehen davon, dass hier wie dort die Ausstattung und Pflege des Neugeborenen den Schluss des Gedichtes bildet, sind im Ganzen wie im Einzelnen kaum Ähnlichkeiten, viel weniger Anklänge vorhanden. Man darf daher wohl als sicher annehmen, dass der Strassburger Hausrat- und die Nürnberger Gedichte ganz unabhängig und ohne Kenntnis von einander entstanden sind.

Indessen hat es für die Einkleidung des Strassburger

Druckes doch ältere und sogar gedruckte Vorbilder gegeben, die ihrerseits, insbesondere in ihrer Tendenz, vielleicht nicht ohne direkten oder indirekten Einfluss auch auf andere frühe Hausratsgedichte gewesen sind.

Vor mir liegt eine überaus seltene Ausgabe des «Ackermanns aus Böhmen», jenes bekannten Zwiegesprächs zwischen einem Witwer und dem Tode, die vor einiger Zeit vom Germanischen Museum erworben wurde und den Bibliographen unbekannt zu sein scheint. Sie ist am Ende des Textes datiert: «Im lxxvii jor», d. h. von 1477, und mag wohl aus derselben Offizin hervorgegangen sein, wie die von Hain im Repertorium bibliographicum unter Nr. 75 näher beschriebene Ausgabe des «Ackermanns», die Hain dem Esslinger Drucker Conrad Fyner zuteilen möchte. Wenn man von der Vergleichung des Titels auf das Ganze schliessen darf, weicht unsere Ausgabe von dieser nur in Kleinigkeiten zumeist rein typographischer Art ab. An dieses Werk nun sind zwei kürzere Prosaschriftchen angehängt, die, mit den gleichen Typen gedruckt, ganz offenbar derselben Zeit und Druckerwerkstatt angehören wie jene Ausgabe des «Ackermanns aus Böhmen» und mit dieser überhaupt wohl von vorn herein fest verbunden waren. Der erste dieser beiden Traktate trägt die Ueberschrift: «Ein hussrat in ein gůt Jare», der andere ist überschrieben: «Von den vier tůgenden leret vns Seneca».

Jener «Hausrat» umfasst elf Seiten. Er beginnt mit einem Gebet («O hymelischer vatter almechtiger got» u. s. w.), um alsdann, ähnlich wie der «Ackermann aus Böhmen» in Rede und Gegenrede, ernste Ermahnungen und Betrachtungen aneinander zu reihen und die verschiedensten Ansichten und Vorsätze über Ehe, Lebensführung u. s. w. zu kritisieren.

Der dialogartige Traktat begleitet mit seinen Bemerkungen das ganze Leben des Menschen von der Gründung des eigenen Hausstandes bis zum Tode. Er beginnt dementsprechend mit dem Satze «Ich wil huss haltten» den

man sich als von dem «Menschen» ausgesprochen zu denken
hat und der Entgegnung des «Weisen»: «Betracht ob din
ierlich gült vnd gebruch solichs liden mögen» etc. und
schliesst mit den Thesen «Ich lass wib vnd kindt vnd müss
sterben», «Ich will nun fürbas recht thůn» und «Ich hoff
nach minem tôde das ewig leben» und den jedesmaligen
Erwiderungen darauf. Die Diktion ist volkstümlich im
guten Sinne, reich an sprichwörtlichen Redensarten und
voll eindringlicher Kraft.

Es handelt sich hier also keineswegs um eine Aufzählung des Hausgeräts, sondern um einen Rat, um Ratschläge und Ermahnungen für das Haus und für das Leben. Dennoch haben, wie gesagt, aller Wahrscheinlichkeit nach solche und ähnliche Erzeugnisse auf die Einkleidung des Strassburger Hausratsgedichts als Neujahrsgruss bestimmend eingewirkt. Ja man könnte sogar an eine bewusste Gegensätzlichkeit denken, die an Stelle der ernsten Bilder, der oft allzu skeptischen und unliebenswürdigen, ja zum Widerspruch reizenden Entgegnungen des «Weisen»[1] heitere und angenehme Vorstellungen setzen, anstatt eines strengen und herben Rates ins Haus am liebsten einen mehr als vollständigen Hausrat zum neuen Jahre schenken möchte.

Von eigentlichem Ernst, wie er doch in den Gedichten von Hans Folz und Hans Sachs hin und wieder zu Tage trat, ist in dem Strassburger Gedicht so gut wie nichts zu verspüren. Der Wein dünkt den Verfasser der aller beste Hausrat zu sein (c IV α); vielerlei Putz und Tand ist in seinem von der Kirmes mitgebrachten Kram, denn «du kerst dich on das nit an predig gschwetz» (c II β); mit besonderer Ausführlichkeit und in launiger Weise behandelt er die Zubehör zu Schlittenfahrten und Mummenschanz

---

[1] Vgl. z. B. Bl. 2a: «Ich habe liebe kinder». «wye lieb habent sie dich? Lůg das du ynnen nit zelang lebest. Die hyrcken rudt zůgt dye liebe des kindes» u. ähnl. m.]

(c I β), wie er denn überhaupt versucht, die trockene Aufzählung des Hausgeräts, wo es irgend angeht, durch witzige Wendungen meist recht derber Art zu beleben. Andererseits zeigt sich ein Sinn für Höheres doch auch in dem grossen Wert, den der Verfasser dem Besitze und der Lektüre guter Bücher, der «Chronicken, Bibeln vnd Legenden» u. s. w. beimisst (b I α—β); und in den ausführlicheren Ratschlägen für die Wartung des Neugeborenen und das Aufziehen des Kindes spricht sich sogar gelegentlich eine Innigkeit der Empfindung aus, die unserem Dichter auch sonst nicht fremd gewesen sein mag, im vorliegenden Fall jedoch bei der Trockenheit des Stoffes nur ganz sporadisch zum Ausdruck kommen konnte.

Es könnten nun aus dem 16. und 17. Jahrhundert noch eine Reihe weiterer Gedichte angeführt werden, die sich entweder noch direkt als Hausratsgedichte geben oder in denen diese eigentümliche, in der zweiten Hälfte des 15. und der ersten Hälfte des 16. Jahrhunderts so sehr beliebte Gattung von Gedichten wenigstens nachklingt. Ich verweise beispielsweise auf das Gedicht: «Wie ain fromer hausman sein hauss versehen soll», das A. v. Keller in den Anmerkungen zur «Nachlese» seiner Fastnachtspiele (Bibl. des Litt. Vereins Bd. XLVI S. 330) unter Hinweis auf die Gedichte vom Hausrat aus einer Handschrift der k. Kreis- und Stadtbibliothek zu Augsburg anführt, sowie auf ein fliegendes Blatt vom Jahre 1525, das ausser einem Holzschnitt ein Lied von 17 Strophen aufweist. Es trägt die Überschrift:

«Ain Lied von dem Haussrat gut,
Der gehört zu der Armuth,»

findet sich bei E. Weller in seinem Repertorium typographicum (Nördlingen 1864) in der Nachschrift am Schluss des Vorwortes (S. XII) zitiert und bereits 1817 von J. Görres in seinen «Altdeutschen Volks- und Meisterliedern aus den Handschriften der Heidelberger Bibliothek» S. 145—150 neugedruckt und ist eine bittere Klage über Dürftigkeit und schlechte Zeiten, in der weniger aufgezählt wird, was der Arme besitzt, als was er nicht hat und schmerzlich entbehren muss. Der Verfasser ist, wie in der letzten Strophe ausgesprochen wird, «ein Reuter zart», der viele Kriegsfahrten mitgemacht hat. Nun aber ist sein Ross eine Sitzbank hart, «Darauf er sich so schwerlich nert; Sein Gewinn die seyn so bald verzehrt; Das klaget er so hart». Nach dem Tone, der in dem Gedichte herrscht, könnte man versucht sein, etwa an den verbitterten blinden Landsknecht-Dichter Jörg Graff zu denken.[1] Die Erwähnung des Lechs, aus dem sich der Dichter sein «Backschmalz» schöpfen muss, schliesst jedoch Nürnberg als ·Entstehungsort des Gedichtes aus, deutet eher auf Augsburg. — Auch direkte Anlehnungen an eines der älteren, viel gelesenen Gedichte finden wir gelegentlich in der übrigen Litteratur dieser Zeit. So ist der Monolog des Speisemeisters in der zweiten Szene des ersten Aktes von Paul Rebhuns «Hochzeit zu Cana», die 1538 zuerst erschien, offenbar unter dem Einfluss der genauen Bekanntschaft mit Folzens Spruchgedicht entstanden,[2] wenn man auch nicht gerade

---

[1] Vgl. uber ihn Euphorion, Zeitschrift für Litteraturgeschichte IV (1897), S. 457 ff. Beilage (Nr. 210) zur Allgemeinen Zeitung (Jahrgang 1898).
[2] Man vgl. namentlich:

Rebhun (Bibl. d. Litt. Vereins Bd. 49, S. 100).	Folz' Spruchgedicht.
V. 137f.: Spiss, offengabel, schauffel, rost Welchs alles seinen pfenning kost	Dreyfuss blassbalgk bratspis rost Mus man auch haben was es kost
V. 145: Auch handquel, tischtuch facelet	Tischtuch czwcheln vnd facilet
V. 148: Wenn sies nicht teglich borgen wolln	Ob man nicht teglich wil drum czannen
V. 149f.: Vnd wie kan ichs gar rechnen aus Als was man haben muss ins haus?	Was man als haben mus ins haus Des ich ein teil will ecken aus.

Eine nähere Verwandtschaft zu Hans Sachs' Gedicht besteht nicht. Höchstens wäre auf die Ähnlichkeit von Rebhun (a. a. O. S. 99) Vers 121: «Brot, fleisch, kess, butter, eyr vnd schmaltz» (im Reim auf saltz) im Verse Hans Sachsens: «prot, kes, ayr, fleisch vnd schmaltz» (ebenfalls im Reim auf saltz) hinzuweisen. Ein Grund zu der Annahme, dass Hans Sachs Rebhuns Drama gekannt habe, liegt deswegen nicht vor.

von letzterem als von der Vorlage Rebhuns für diesen Monolog wird sprechen dürfen.

Aus dem Anfang des 17. Jahrhunderts endlich sei etwa noch das Gedicht der «Anna Köferlin zu Nürnberg» kurz erwähnt, in dem sie das von ihr hergestellte und mit kleinem Hausrat ausgestattete «Kinder-Hauss» d. h. Puppenhaus schildert, «dergleichen nie gesehen noch gemacht» . . . «vnd wie ettlich Hundert Stuck, alle zum gemeinen Nutz auch dienstlich, darinn zusehen».[1]

Bei diesen Beispielen dem Stoff nach verwandter Gedichte von geringerer Bedeutung oder aus späterer Zeit mag es hier sein Bewenden haben.

* * *

Was den oben ausführlicher behandelten älteren und wichtigeren unter allen diesen Gedichten in erster Linie ihren hervorragenden Wert verleiht, ist nicht etwa ihr poetischer Reiz, — dieser ist trotz der im Vorstehenden näher bezeichneten Vorzüge im ganzen doch nur gering und konnte bei der Wahl des Stoffes kaum anders sein. Es ist auch nicht das erzieherische oder ethische Element, das einigen der Gedichte eignet, oder ihre Stellung innerhalb der Litteratur, ihre litterarhistorische Bedeutung, die gleichfalls nur bescheiden genannt werden kann. Der Wert der Gedichte beruht vielmehr ganz vorzugsweise auf ihrer Bedeutung für die Kulturgeschichte, für die Kenntnis des Hausrats am Ausgang des Mittelalters, der «Privataltertümer», wie man wohl sagt. Insbesondere für diese können unsere Gedichte als wichtige Quellenschriften gelten, und hier nimmt der Strassburger Druck vielleicht die erste Stelle ein. Denn während die beiden Nürnberger Dichter nur einen einfachen, bürgerlichen Haushalt und seine Erfordernisse im Auge haben, wie dies Hans Folz auch

---

[1] Einblattdruck im Kupferstichkabinet des Germanischen Museums (H. B. 2243).

ausdrücklich andeutet,[1] geht, wie schon bemerkt, der Verfasser des Strassburger Hausrats viel weiter und wird noch dazu in seinem Bestreben, dem Leser den Reichtum seines Krams recht vor Augen zu führen, durch die Abbildungen unterstützt, die, ohne engeren Zusammenhang mit dem Text, eine weitere Fundgrube für den Forscher bilden.

Es liegt mir fern, in dieser knapp bemessenen Einleitung auch nur den Versuch zu machen, diese reichlich fliessenden Quellen nach irgend einer Richtung hin auszuschöpfen. Es kann mir lediglich darauf ankommen, an wenigen Beispielen zu zeigen, in welcher Weise sie für die Kulturgeschichte nutzbar gemacht werden können, und anzudeuten, welche Punkte vor allem noch der Aufhellung von Seiten der weiteren und eingehenderen Forschung bedürfen.

Was zunächst die kurzen Exkurse betrifft, die sich hie und da, die Aufzählung unterbrechend, in unseren Gedichten finden, so haben hier die Ausführungen Hans Folzens gegenüber denen des Strassburger Dichters — Hans Sachs kommt dabei weniger in Betracht — in der Regel den Vorzug grösserer Deutlichkeit und Zuverlässigkeit, was wohl mit dem praktischen Berufe des Dichters als Barbierer und Wundarzt zusammenhängt. So kann man, wo er von der Weinbehandlung und -verfälschung spricht, die meisten der von ihm aufgezählten Zuthaten: Milch, Senf, Waidasche und Eiweiss auch aus den Kunstbüchlein, Kalendarien, Haus- und Kochbüchern etc. des 16. und noch des 17. Jahrhunderts als vielfach angewandte Mittel, um trüb gewordene Weine wieder klar, verdorbene wieder wohlschmeckend zu machen, nachweisen. Die ebenfalls erwähnte «thaen» d. h. Thon, Thonerde jedoch habe ich sonst nur noch in den von Joseph Baader herausgegebenen

---

[1] «...........
Vnd in die gerten manch czubaus
Welchs man den reychen als czu mist
Do von mein maynung hie nith ist.»

Nürnberger Polizeiordnungen aus dem XIII. bis XV. Jahrhundert (Bibl. d. Litterarischen Vereins Bd. LXIII) gefunden («tahenn», «die tahenn»), die überhaupt ganz offenbar für diese Stelle über die Weinverfälschung Hans Folz als Quelle gedient haben.[1]

Wenn dagegen der Verfasser des Strassburger Hausrats sowohl beim Aderlassen, wie beim Harnbesehen eines dabei zur Verwendung kommenden Filzhuts Erwähnung thut, so findet diese Stelle in den zahlreichen älteren Lass- und Arzneibüchern, die ich daraufhin durchgesehen habe, keine Erklärung und muss vorderhand dunkel bleiben.[2]

Von manchen alten Gebräuchen und Sitten, wie dem «Kreuzen und Weihen» mit Weihwasser, Räucherwerk

---

[1] Anstatt der betr. Stellen aus den Polizeiordnungen, die man a. a. O. S. 258 f., 260 f. und 263 nachlesen möge, will ich hier lieber einen ebendiese Stellen kommentierenden, lehrreichen Abschnitt aus E. Mummenhoffs inhaltreicher und gehaltvoller Arbeit «Die öffentliche Gesundheits- und Krankenpflege im alten Nürnberg» (in der Festschrift zur Eröffnung des neuen Krankenhauses der Stadt Nürnberg, Nürnberg 1898 S 12 f.) wiedergeben:

«Der Wein durfte, wenn er nicht zuvor durch die geschworenen Weinversucher, Visierer oder Euterer, geprüft worden war, nicht angestochen und ausgeschenkt werden. Nürnberg, das ein bedeutender Markt für Rhein-, Franken-, Tauber und auch Elsässer Weine war, hatte auch einen besonderen Weinamtmann, der die Aufsicht über den Weinmarkt führte. Das Vermischen des Weines mit Wasser war im allgemeinen verboten und nur in einem Falle gestattet, wenn nämlich der Wein auf der Fahrt sich gesetzt hatte und des Nachfüllens bedurfte. Im 15. Jahrhundert schwefelte man in Nürnberg den Wein, verschnitt ihn mit geringeren Sorten, läuterte oder fälschte ihn durch Beimengung von Milch und Wasser, Thon und Eiern, was alles verboten war. Nach einer späteren Verordnung des 15. Jahrhunderts durfte allerdings eine ein- oder zweimalige Durchräucherung der Fässer mit Schwefel, eine Verschneidung gleichartiger Sorten, wie Rheinwein mit Rheinwein, Frankenwein mit Frankenwein u. s. w., und eine angemessene Läuterung mit Thon und Milch nach Dreikönigstag vorgenommen werden. Man mengte auch sogenannte Schmier, geschwefelten Süsswein, dann Branntwein, Weidasche, Speck, Senf, Senfkörner und andere «schädliche und gefährliche Gemächte» bei, was alles unter empfindliche Strafen gestellt war. Ausserdem wurden die so gefälschten Weine noch in die Pegnitz geschüttet, eine Strafe, die bis zu Beginn des 30jährigen Krieges bestehen blieb. Der als «Weinschmier» gekennzeichnete gefälschte Wein wurde auf einem Wagen, auf dem eine Fahne aufgesteckt war, zur Pegnitz gefahren, den Fässern die Böden ausgeschlagen und der Inhalt in die Pegnitz gelassen.»

[2] Nur nebenbei sei bemerkt, dass der Hut in den Fastnachtspielen schmutziger und ekelhafter Art gelegentlich zum Auffangen nicht nur des Harns, sondern noch ganz anderer Dinge gebraucht wird. Vgl. z. B. Keller, Fastnachtspiele, Nachlese (Bibliothek des Litt. Vereins, Bd. 46) S. 2, 31 (filtz); 4, 12 u. 13 (huetlein und huet); 6, 26 (huet), etc. in dem «Fastnachtspiel von einem Arzt». Sollte der Verfasser des Strassburger Hausrats an derartige derbe Vorführungen gedacht haben?

und geweihten Kerzen an der Wiege des Neugeborenen, dem Zeichnen nicht nur, wie heutzutage, der Wäsche, sondern auch der Geräte, den Vorbereitungen und Zurüstungen zum Bade u. s. w. geben uns die Gedichte willkommene Kunde, worauf auch in dem folgenden Verzeichnis noch verschiedentlich hingewiesen werden wird. Ich habe in demselben hier am Schluss unserer Einleitung die in den vier Gedichten vorkommenden, für den Laien nicht sogleich verständlichen Wörter und Ausdrücke in alphabetischer Folge zusammengestellt, die Erklärung derselben, soweit es möglich war, nach den bekannten Wörterbüchern von Lexer, Grimm, Martin und Lienhart (Wörterbuch der elsässischen Mundart I. Bd. Strassburg 1899) Schmeller u. s. w. hinzugefügt und, wo es thunlich schien, den Begriff weniger nach der sprachlichen, als nach der gegenständlichen, antiquarischen Seite hin erläutert. Und zwar sind, wonach sich auch die Reihenfolge bestimmt, die zu erklärenden Wörter in genau der Form und Orthographie[1] gegeben, in der sie in den Gedichten erscheinen. Dem Laien, auf den dies Verzeichnis in erster Linie berechnet ist, wird so das Nachschlagen erleichtert. Auf das betreffende Wort folgt zunächst jedesmal in Klammern die Angabe des Gedichts, in dem es vorkommt, und zwar bedeutet:

Folz, Spr. = Folzens Spruchgedicht,
Folz, Mstrgsg. = Folzens Meistergesang,
Hs. Ss. = Hans Sachs' Spruch,
Str. Hsrt. = das Strassburger Hausratsgedicht.

---

[1] Für fs ist überall ss gesetzt worden.

abascar (Folz, Mstrgsg. Str. 2): fraglich, was gemeint ist. Vermutlich liegt eine Verschreibung vor.

abbrechen pl. (Str. Hsrt. b II α): mhd. diu abebrëche die Lichtschere (Lexer), abbreche Lichtputze von: den Docht abbrechen (Ch. Schmidt, Glossarium alsaticum [1]).

abschlag (Hs. Ss.) s. aschlauch.

agel (Str. Hsrt. b I α): «Agele, Agel = Granne, Spelze der Getreideähre...; die holzigen Teile des Hanfs, die sich beim Brechen ablösen, Splitter, die besonders zum Feueranzünden dienen» (Martin-Lienhart, Wörterbuch der elsäss. Mundarten I, 20). Vgl. auch Schmeller, Bayer. Wörterb. I, 47 etc.

alblin (Str. Hsrt. c. II α): «albel Weissfisch albula» (Grimms Wb. I, 201). «Von Albelen:... Im ersten jar werdendts genennet Seelen, im anderen jar Stüben. Am Zürychsee aber werdends genennt Albalen (Alburin) eintweders ab albedine, das ist, von der weisse der schüppen dess fleischs: oder aber vom wörtlin Halb, quasi Halbelen, darumb das es halb erwachsen visch sind. Im dritten jar werdendts genant Gangfisch,....» (Gregorius Mangolt, Fischbůch Von der natur vnd eigenschafft der vischen. Zürich, o. J. S. 34 f.).

am (Str. Hsrt. d I β): «hültzen am» bedeutet ohne Zweifel ein hölzernes Gefäss, fraglich welcher Form. Mhd. âme, ôme Ohm, Mass Gefäss (Lexer); später in der Regel speziell ein Kornbehälter oder ein Weingeschirr, Weinmass (vgl. Grimm I, 278; Martin-Lienhart I, 35; Schmeller I, 53; Schweizerisches Idiotikon I, 211 etc).

ancken (Str. Hsrt. a II β): (der) anke Butter (Lexer); das Wort ist noch heute in weiten Gebieten Oberdeutschlands (incl. Schweiz) das gebräuchliche anstatt «Butter». Vgl. Martin-Lienhart I, 55; Ch. Schmidt a. a. O. S. 10 etc.

arbes (Hs. Ss.): Erbsen.

arbis (Folz, Mstrgsg.): desgl.

---

[1] Herr Heitz hatte die Liebenswürdigkeit, mir die ersten Bogen dieses demnächst im Verlage von Heitz & Mündel erscheinenden Werkes für die Zwecke dieses Verzeichnisses zur Verfügung zu stellen.

arrass (Str. Hsrt. c II β): mhd. arraz: leichtes Wollengewebe, Rasch (Lexer).
aschlag (Folz, Mstrgsg.): s. aschlauch.
aschlauch (Folz, Spr.): mhd. aschlouch Aschlauch, aus lat. ascolonium; allium ascalonicum L. die Schalotte. In alten Kochbüchern noch häufiger als in den modernen.
atzel (Str. Hsrt. c II β): Elster.
atzelenkeffych (Str. Hsrt. c II β) Elsternkäfig.
auseckeu (Folz, Spr.): «expendere, fleissycg ermässen» (Josua Maaler 40a), «alle Ecken und Winkel erwägen, erörtern, ausmessen, ausarbeiten» (Grimm I, 849).
badsack (Folz, Spr.): dieses Wort habe ich sonst nicht gefunden. Vielleicht schlüpfte man nach dem Bade in einen solchen und pflegte darin der Ruhe?
banchen (Folz, Spr.): Waldau (Neue Beitr. II, 168 Anm. n) schreibt nach dem Stuchsschen Druck, der ihm vorlag, «bauchen» und erklärt es nach Scherz' Glossar I. col. 99 mit «aus Lauge waschen» (vgl. unten «gebucht»). Die Lesart «banchen» des Folzschen Originaldrucks beruht demnach entweder auf einem Druckfehler oder wir haben dabei an eine Dialektform = bantschen, pantschen: «hin- und herrütteln» (Saaner Mundart), «sudeln», «in etwas Weichem, Flüssigem herumwühlen» (Egerländer Mundart) — vgl. Frommann, Deutsche Mundarten VI, 410 u. 173 — zu denken.
banckschaben (Folz, Spr.): mhd. banc-schabe fem. Werkzeug zum Abschaben, Reinigen der Fleischbänke (Lexer). Vgl. auch Grimm I, 1113.
bappen pfennel (Str. Hsrt. d I β): Pfännlein für die pappe, peppe, bappe = Kinderspeise, dicker Brei für die kleinen Kinder, «puls densior, ital. pappa» (Grimm I, 1120).
bedket (Str. Hsrt. c IV α) entspricht wohl oberschwäb. «beckat» (Frommann, Mundarten IV, 110 Anm. 52), «bekket» (Schmidt, a. a. O. 54) eine Art Becken.
bennen (Str. Hsrt. c I α): benne «Korbwagen auf zwei Rädern; ein gallisches Wort» (Grimm I, 1473). Vgl. auch Jahrbuch f. Geschichte, Sprache u. Litt. Elsass-Lothringens IX, 184; Ch. Schmidt, Wörterbuch der Strassburger Mundart (Strassburg, Heitz, 1896) S. 15; Schmidt, Gloss. als. 29, also wohl vorzugsweise im Elsass gebraucht.
berlin (Str. Hsrt. c II α): eine Lampretenart. In einem der frühesten gedruckten Fischbücher, einer kleinen Schrift, die den Titel trägt: «Wie man Visch vnd vogel fohen soll, mit den henden, vnd ouch sunst mit vil bewerten recepten», etc. [Holzschnitt.] Am Schluss «Getruckt zů Strassburg», o. J. (ca. 1500—1510) 6 Bll. 4⁰ und fast gleichlautend auch in späteren Drucken heisst es (Bl. 5b): «Item ein Berlin ist des Lempfritz (Lempfrit oder Lempfrid, mhd. lampride die Lamprete) brůder vnnd ist gůt von

dem zwölfften tag vnncz vff vnser lieben Frowen tag der verkündung in der vasten». In Conr. Gässners Fischbůch, in das Teütsch gebracht durch D. Cônradt Forer, Zürich, Froschauer 1575 Bl. 181 b: Bärle, Berlin, Berling.

bersich (Str. Hsrt. c II α): Barsch (lat. perca).

bessemlin (Str. Hsrt. b IV α): kleiner Besen; «gewand bessemlin» entspricht unserem: «Kleiderbürste».

blieckten (Str. Hsrt. c II ɣ): Gesner-Forer Bl. 167 b hat für diesen Fisch die deutschen Namen: Blick, Blickling, Breittele. Pleckle und Meckel, die lateinischen blicca, ballerus und plestya; «bliek Weissfisch» (Schmidt. a. a. O. 44).

blöchel (Str. Hsrt. b I α): kleiner Block.

blofness (Str. Hsrt. c IV α): mhd. blâ-vuoz Blaufuss, eine Falkenart (Lexer).

blwel (Folz, Spr.): mhd. bliuwel, blûel, pleuel, plewel etc. Holz zum Klopfen (Lexer).

böcken (Str. Hsrt. b II α): wohl = mhd. becken, ein Instrument der Spielleute (Lexer).

bolle (Str. Hsrt. a IV α): ein Schöpfgefäss (vgl. Jahrbuch f. Gesch. etc. Els.-Lothr.'s IX, 183); «auch heute noch in der Wetterau hohlrunde muldenartige, hölzerne Schüssel zum Küchengebrauch» (Grimm II, 231).

bolleyen (Str. Hsrt. c I β): Polei, Mentha Pulegium L., Pulegium vulgare Miller. In alten Koch- und Haushaltungsbüchern nicht selten vorkommend. Namentlich wurde ein «Poleyen-Bier» damit gebraut, wie denn derartige Kräuterbiere (und ebenso Gewürzweine) früher überhaupt ungemein beliebt waren. Vgl. Johann Coler, Calendarium Oeconomicum & perpetuum. Das ist: stetswerender Calender, darzu ... Haussbuch. Wittenberg (1592) II. Buch Bl. H I β ff.

bölring (Str. Hsrt. b III β): was für ein Spiel damit gemeint ist, habe ich nicht ermitteln können. Das Wort hängt ohne Zweifel mit böllern = rollen (mhd. boln) zusammen.

bömlin (Str. Hsrt. d I α): Bäumlein; «mach es ein bömlin ston»: Der Ausdruck begegnet auch sonst gelegentlich, doch selten. Vermutlich ist damit jene Stellung kleiner Kinder gemeint, bei der sie, sich bückend, schelmisch zwischen den eigenen Beinen hindurchsehen, also gewissermassen der Ansatz zum wirklichen P u r z e l baum, wie wir ihn so häufig auf Kupferstichen, Holzschnitten, Handzeichnungen etc. jener Zeit dargestellt finden.

braeder (Folz, Spr.): «brüter masc. machina veru versando» (Schmeller 1, 268; Grimm II. 312) Bratenwender.

bressmen (Str. Hsrt. c II α): mhd. brahsem, brasme, bresme Brasse (Lexer).

brieff an die wand (Folz, Spr.): damit sind in erster Linie die Heiligenbilder, die Flugblätter mit ihren kolorierten Holzschnitten u. dergl. m. gemeint. Vgl. Grimm II, 379 brief 3. Vgl.

auch «kunckelbrieff». An Briefe in unserem Sinne, wie Alwin Schultz (Deutsches Leben im 14. u. 15. Jhdt. S. 104) meint, ist hier wohl nicht zu denken, noch weniger an «Briefschränkchen mit Fächern» (Waldau, Neue Beiträge II, 161 Anm. m).

brockten (= schüssel) (Str. Hsrt. d I β): brockt, brocket Eingebrocktes (Ch. Schmid a. a. O. S. 55, Grimm, II, 395).

buchzapffen (Str. Hsrt. b IV β): Was unter «hültzin Buchzapffen» zu verstehen ist, habe ich nicht ermitteln können.

bumppelfesslin (Str. Hsrt. a II β): wird durch das folgende «Dar in man Kess vnd och den Ancken macht» erklärt, also Butterfass. «bümpeln: hin- und herwerfen» (Schmidt a. a. O. 58). Es ist auf dem Holzschnitt Bl. a II α vorn rechts abgebildet.

buntschūch (Str. Hsrt. d I β): «Et cetera Buntschūch» = «etc. punctum». Vgl. Lexer, Mhd. Wb. I, 384 und die dort zitierten Stellen.

burset (Str. Hsrt. c II β): «bursat: halb seidenes, halb wollenes Zeug» (Schmeller II, 1003).

busse (Str. Hsrt. b II β): mhd. buhs stm. Buchs aus lat. buxus (Lexer).

bütelvass (Str. Hsrt. a IV α): mhd. biutelvaz lederner Sack, der oben zugezogen werden kann (Lexer).

butzenanlyt (Str. Hsrt. c I β): Larve, Maske (Schmidt 62).

byssem apfel (Str. Hsrt. b I α): Bisamapfel. Vgl. für die Stelle: Alexius Pedemontanus, Von den Secreten oder Künsten S. 156 «Gute Bysem Knöpff, oder wolriechende Paternoster zu machen»

calamar (Str. Hsrt. a IV α): mhd. kalamâr Schreibzeug (Lexer). Es liegt auf der Abbildung Bl. a IV β auf dem Tische neben dem Lichtschirm.

cloben (Str. Hsrt. c II α): Kloben, Klappe um Vögel zu fangen (Martin-Lienhart I, 489).

clöss (Str. Hsrt. b III β): Klos m. Kreisel (Martin-Lienhart I, 497).

czannen (Folz, Spr.) s. zannen.

czu leg teller (Folz, Spr.): s. zwleg deller = zulegteller.

damesser (Hs. Ss.): s. demmesser.

damhader (Folz, Spr., doch siehe auch unter «messer»): mhd. doumhader, damhader Hader zum Verstopfen (Lexer I, 455).

demmesser (desgl.): mhd. doummezzer, dammezzer, so viel wie schopisen: ein Eisen zum Zustopfen, wasserdicht machen (Lexer).

dentzeliers (Str. Hsrt. d I α): «tänzelier' es». Mhd. denzieren im Tanz umfűhren (Lexer), also wohl: führ' es tänzelnd herum.

dryschen (Str. Hsrt. c II α): «Mustella fluviatilis — Ein Trüsch» (Gesner-Forer, Fischbuch Bl. 171 b).

dryspitz (Str. Hsrt. a III α): Dreifuss (Lexer).

dubenkropff (Str. Hsrt. c IV α): «Taubenkropf» fumiterrae, fumus terrae, Fumaria officinalis L. gebräuchlicher Erdrauch.

(vgl. Lexer II, 1554, Ch. Schmidt 69). Ich will nicht unterlassen, zu erwähnen, dass von den Botanikern heute Silene vulgaris als Taubenkropf bezeichnet wird.

düpffen (Str. Hsrt. b II β): mhd. tupfen, tuppen, duppen Topf (Lexer).

eindewen (Folz, Spr.): = eindeuchen einteuchen,: eintauchen (Grimm III, 162).

engster (Folz, Spr.; Hs. Ss) **engster glas** (Folz, Mstrgsg.) = angster aus angustrum Gefäss mit engem Halse (Lexer). Vgl. die beiden zurückstehenden Gläser auf dem Holzschnitt des Blattes b III α vorn rechts und das lange Glas auf dem 4. Felde des auf unserer Tafel wiedergegebenen Einblattdrucks.

erbeyssen (Str. Hsrt. c III α) **erweyss** (Folz, Spr.) Erbsen.

eschen (Str. Hsrt. c II α): mhd. asche swm. die Äsche, ein Flussfisch (Lexer).

facilet (Folz, Spr.; Hs. Ss.) **fatzilet** (Str. Hsrt. b III β): Handtuch, Tellertuch, Taschentuch. Halstuch (Schmeller I, 781, Grimm III, 1218, Schmidt 96); im Strassburger Hausrat offenbar in der Bedeutung Serviette, wie sich aus dem Zusatz: «das einer zū Tisch vff der Achsslen het» ergiebt.

federkengel (Str. Hsrt. a IV β): Federkiel (Lexer).

fower pöcklein (Hs. Ss.): «feuerbock m. fulcrum focarium» (Grimm III, 1589).

flader (Str. Hsrt. b II β): mhd. vlader stm. geädertes Holz, Maser (von Ahorn, Eibe, Esche) (Lexer).

fleischgelt (Folz, Spr.): kleine Fleischbütte (Lexer); gelte = Gefäss.

flück (Str. Hsrt. c II α): «Flück m. Lockvogel, Vogel der auf dem Herde angeläufert ist» (vgl. Schweizerisches Idiotikon I, 1195).

flucksteb (Str. Hsrt. c IV β): wohl = Flück-Stäbe, die Stäbe auf denen die Lockvögel sitzen; ich habe das Wort sonst nicht gefunden.

flügel (Str. Hsrt. b II α): offenbar ist ein flügelförmiges Saiteninstrument gemeint, vielleicht eine kleine Harfe, wie sie auf der Abbildung Bl. a IV β im Vordergrunde rechts neben einem Hackbrett und einer Art Guitarre zu sehen ist.

fürtücher (Str. Hsrt. a II β): fürtūch Schurz (Ch. Schmidt 114), ein vorgebundenes Tuch, Schürze (Grimm IV, 1, 920).

futterfass (Str. Hsrt. b I α): mhd. vuotervaz: taschenartiger Behälter (Lexer; vgl. auch Grimm IV, 1, 1079).

gaden (Str. Hsrt. b II α): mhd. gaden, gadem Gemach, Kammer (Lexer).

gagelremen (Str. Hsrt. b III α): Instrument zum Schnurmachen, wie sich aus unserer Stelle ergiebt; «gageln» gaukelnde Bewegung machen (Grimm IV, 1, 1142), hin und her wiegen (Martin-Lienhart I, 200), in schwankender, unruhiger Bewegung sein (Schweizerisches Idiotikon II, 137). Handelt es sich vielleicht um das auf dem Holzschnitt Bl. a IV β im Hintergrunde rechts abgebildete Instrument?

gallat (Folz, Mstrgsg. Strophe 6, 10): unverständlich, wohl ein Schreib- oder Lesefehler.

gamaby (Str. Hsrt. c III ²): «gameho, gammenhü etc. das heutige Camee» (Grimm IV, 1, 1208).

gatzen (Str. Hsrt. a IV α): «Güzi, Gazi n. Schöpfkelle, blechernes Becken mit Stiel, woraus man trinkt» (Martin-Lienhart, I, 253).

gauch (Str. Hsrt. c I β): Kukuk.

gebucht (Str. Hsrt. d I α): Part. von bûchen mit Lauge waschen (Lexer; vgl. auch Ch. Schmidt 57).

gelten (Hs. Ss.): mhd. gelte swf. Gefäss für Flüssigkeiten (Lexer).

gesprügel (Str. Hsrt. d I α): dieses Wort habe ich sonst nirgends gefunden. Es scheint eine Fallhaube für kleine Kinder gemeint zu sein. Das Wort hängt vielleicht zusammen mit elsäss. «Sprejl, wofür vielleicht Sprügel oder Sprigel als ältere bzw. idealisierte Form anzusetzen wäre. Dies bedeutet: Sperrholz, Querholz vor den zwei Fensterladen, das drehbar ist und bei geschlossenem Laden horizontal steht und das Öffnen derselben hindert» (frdl. Mitteilung des Herrn Direktor Lienhart in Markirch). Danach würde «gesprügel» etwa nur die allgemeine Bedeutung einer Schutzvorrichtung haben.

gewichs (Folz, Spr.): im Augsburger Druck des Hamburger Sammelbandes: gefix, von Waldau a. a. O. S. 171 Anm. r erklärt mit «allerley Gezeuchs», was etwa das Richtige treffen mag.

gieskalter (Hs. Ss.): Giessgefäss.

glen (Str. Hsrt. c IV ²): Lanze (Lexer).

gögel (Hs. Ss.): mhd. gogel, gol: ausgelassen, lustig (Lexer).

goller (Hs. Ss.): mhd. gollier, kollier, goller, stn. Halsbekleidung, Koller an männlicher und weiblicher Kleidung (Lexer).

gollicht (Folz, Spr.): dünnes Unschlittlicht.

graw (Folz, Spr.) **grawen** (Folz, Mstrgsg.): mhd. graewe graue Farbe (Lexer).

grisgramen (der tzen) (Folz, Spr. u. Mstrgsg.): mit den Zähnen knirschen, brummen, knurren (Lexer).

gruess (Folz, Spr.): mhd. krûse Krug, irdenes Trinkgefäss (Lexer).

gruppen (Str. Hsrt. c II α): mhd. groppe, in dem Strassburger Druck Wie man Visch vnd vogel fohen soll Bl. 5b: «kopte oder gropte», G. Mangolts Fischbůch S. 68: «ein Kopt oder ein gropp», der Kopp, Mülkopp, Kaulhaupt, Kaulbars. Vgl. Grimm V, 1782, Schmeller, I, 1271.

gufen (Str. Hsrt. b III β): mhd. glufe, gufe Stecknadel (Lexer).

Noch heute im Elsass und anderen Teilen Oberdeutschlands in dieser Bedeutung gebräuchlich (vgl. Martin-Lienhart I, 199).
güttrolff (Folz, Mstrgsg.): s. kuttroff = kutrolf.
gwaut kalter (Folz, Mstrgsg.): Kleiderkasten.
hael (Str. Hsrt. a III α): mhd. hahel, hæl Haken, um den Kessel übers Feuer zu hängen (Lexer).
hafenreff (Str. Hsrt. a III α): hafen = Topf, mhd. rêf stn. Stabgestell zum Tragen auf dem Rücken (Lexer), hafenreff also wohl ein Bort zum Aufstellen der Töpfe.
haiden (Hs. Ss.): heiden Buchweizen.
hangenden wagen (Str. Hsrt. b II β): Kutsche.
hang-ysin (Str. Hsrt. a IV α): mhd. «hangisen lucibulum, pendiculum, perpendiculum» (Lexer), «hängeisen n. gekrümmtes Eisen, worin ein Balken, eine Rinne oder ein anderer Körper hängt» (Grimm).
hebrigel (Folz, Spr.): Hebel (Lexer I, 1200).
hep (Str. Hsrt. b IV β): mhd. heppe Winzermesser (Lexer) «Messer von sichelartiger Gestalt» (Grimm).
heris tuch (Folz, Spr.): mhd. hærines tuoch = hâr-tuoch, härenes Tuch.
hetzen (Str. Hsrt. c II β): hetze, corvus pica die Elster (Grimm).
heyd (Folz, Spr.): s. haiden = heiden.
hôw spatzen (Str. Hsrt. c I β): spatz = spatel, spatula Schaufel, Spaten (Jahrbuch f. Gesch., Sprache u. Litt. E.-Ls. IX, 189), also Heuschaufeln.
hundsskappen (Str. Hsrt. c IV α): Eisenhüte in Form von Masken, namentlich Hundsköpfen.
husen (Str. Hsrt. c II α): hûse der Hausen, der grosse Stör (Lexer).
hüwerling (Str. Hsrt. c II α): wohl = altstrassburgisch «Hurling», neustrassburgisch «Hierli», das einen kleinen Hecht bedeutet (vgl. Ferd. Reiber, Küchenzettel und Regeln eines strassburger Frauenklosters des XVI. Jhdts. Strassburg, Heitz, 1891 S. 40).
ilen (Str. Hrst. c IV β): elsäss. Ül = Eule. (Vgl. Martin-Lienhart I, 31.)
kachelmüss (Str. Hsrt. b III β): «Milchbrei u. ähnl. im Tiegel gekocht» (Grimm V, 13), «aus Eiern und Mehl» (Jahrbuch IX, 182), «süsser Milchbrei für Kinder und Kranke» (Martin-Lienhart I, 728).
kalter (Hs. Ss.): Schrank, Behälter.
kar (Str. Hsrt. a II β): Gefäss, Geschirr, Schüssel (Lexer; Grimm V, 202).
karnir (Folz, Spr. u. Mstrgsg.): karnier Ledertasche (Lexer), Tasche, Schnappsack, Ranzen (Grimm V, 219).
kechelin (Str. Hsrt. b III β): kleine Kachel, kleines Gefäss, «kleiner Nachttopf» (Lexer).

kengel s. federkengel.
kensterlin (Str. Hsrt a IV β): Schrank, Kasten in der Wand (Lexer); «känsterlein: Schrank, Kasten in der Wand etc., im Südwesten heimisch» (Grimm V, 171).
kermesyn (Str. Hsrt. c II β); «karmesin, kermessin Scharlachrot, mehrfach als Name eines Zeuges» (Grimm V, 218 u. 593).
kernirn (Hs. Ss.): s. karnir = karnier.
kerch (Str. Hsrt. c I α): = karch Karren, besonders am mittleren und oberen Rhein (Grimm V, 207; vgl. auch Martin-Lienhart I, 466).
kerchlin (Str. Hsrt. d I α): kleiner Karren, Wägelein (Grimm V, 209). Hier: Gestell auf Rollen, in dem die Kinder das Gehen lernen; im Str. Hsrt. zweimal abgebildet: auf dem Holzschnitt c I α im Hintergrunde links, auf dem Bilde c III β im Vordergrunde links.
kessrüsse (Str. Hsrt. a IV α): mhd. kæse-riuse geflochtener Käsekorb (Lexer).
kesswasser (Folz, Spr.): mhd. kæsewazzer Molken (Lexer).
kesten (Folz, Spr.): mhd. kestene, kesten stf. Kastanie (Lexer).
kilwemmen (Str. c III α): was für ein Pelzwerk ist hier gemeint? hängt das Wort mit kilber weibl. Lamm, Mutterlamm (Grimm V, 703) zusammen?
kleinter (Str. b IV β): Kleinöter, Kleinodien.
klwel (Folz, Spr.): mhd.: kliuwel, kliuwelin dem. zu kliuwe Knäuel, Kugel (Lexer).
knacken (Folz, Mstrgsg.): «der Knack, Knacken, Knacker eine kleine Müntze», auch Gnacke, Knocker .. (Grimm V, 1328, 1331, Schmeller I, 1347).
knechtlin (Str. Hsrt. a IV α): unter knecht, chnecht, knechtlin werden verschiedene Geräte verstanden (wie noch bei uns: Stiefelknecht u. s. w.). Vgl. Schmeller I, 1347, Martin-Lienhart I, 502 f. und namentlich Schweizer. Idiotikon III, 722.
knortzen (Folz, Spr.): kneten.
kopff (Folz, Mstrgsg.): mhd. kopf, koph stm. Trinkgefäss, Becher (Lexer).
kopten (Str. Hsrt. c II α): s. gruppen.
kraus (Folz, Mstrgsg.) krawsen (Hs. Ss.): mhd. krûse Krug.
kreien (Folz, Mstrgsg. Str. 8, 2): schreien (Schmeller I, 1358.)
kren (Folz, Spr.): auch krän, kreen Merrettich (Grimm V, 2167), noch heute in Süddeutschland gebräuchlicher Ausdruck.
kressen (Str. Hsrt. c III α): kresse ein Fisch, Grundling (Lexer).
kröpff (Str. Hsrt. b. IV β): kropf, der kroppen = Haken (Grimm V, 2399 unter 7a, Schmeller I, 1378).
kröwel (Str. Hsrt. c I β): mhd. kröuwel, krewel etc. Kräuel, Gabel mit hakenförmigen Spitzen (Lexer).

kruchen (Str. Hsrt. c II α): mhd. krûche = Krauche, Kruke, Krugart, Gefäss (Lexer).
krucklen (Str. Hsrt. c IV β): kleine Krücken? Der Zusammenhang lässt auf ein Gerät zum Vogelfang schliessen.
kuepferling (Hs. Ss.): kupferling m. kupfernes oder kupfrichtes Ding (Grimm V, 2765).
kuerlein (Hs. Ss.): verschrieben für kuërlein = kunerlein; in Folz' Spruchgedicht dafür: kuner. Noch Waldau (Neue Beitr. II, 166 Anm. z) verstand das Wort, wie es scheint, da er kuner mit «Kunerlein» erklärt. Grimm V, 2666: «kunner... 2. Kellergerät, wohl der Heber, Saugheber». Folz' Meistergesang hat an der betreffenden Stelle anstatt kuner oder kunerlein: pipen, womit kuner möglicherweise identisch ist; piepe wird im Grimmschen Wörterbuch VII, 1842 unter 2. erklärt mit «Röhre mit Drehhahn am Fasse um die Flüssigkeit abzulassen».
kumpost (Str. Hsrt. c I β): Eingemachtes überhaupt, besonders Sauerkraut (Lexer).
kumpost stendel (Str. Hsrt. c IV α): ;komposstande Kompostfass (vgl. Grimm V, 1688).
kunckelbrieff (Str. Hsrt. b I α): Einblattdruck mit buntem Holzschnitt zum Schmuck der Kunkel- oder Spinnstube. Vgl. den Artikel «brieff an die wand».
kuner (Folz, Spr.): s. kuerlein = kunerlein.
künglin (Str. Hsrt. c III α): mhd. küniclîn Kaninchen (Lexer).
kuten (Str. Hsrt. c II α): kaut, kaute wird im Grimmschen Wörterbuch V, 363 ebenfalls als Kaulbarsch erklärt (vgl. zu «gruppen»), doch auch G o l d f i s c h, perca fluviatitis minor (vgl. auch Martin-Lienhart I, 481). In den «schimpflichen Gleichnissen der Fische» oder scherzhaften sprüchwörtlichen Redensarten, die den Schluss der meisten älteren Fischbücher bilden, heisst es in dem mehrfach zitierten Strassburger Druck aus dem Anfang des 16. Jahrhunderts von der Kute: «Item der Kuth [ist] ein goltschmit».
kuttroff (Folz, Spr.): Druckfehler für kuttrolff, kutrolf, kütrolff (so bei Hs. Ss.) etc. langes enges Glas.
kutzen (Str. Hsrt. c IV β): Käutze. Vgl. Martin-Lienhart I, 487.
kymich (Str. Hsrt. c I β): mhd. kümich, kumich = kumin Kümmel (Lexer).
lassbinden (Str. Hsrt. b III β): Aderlassbinden (vgl. Grimm VI, 270). Eine solche ist, wie es scheint, auf dem Holzschnitt Bl. c III β in der Mitte des Hintergrundes oben abgebildet.
lassbrieff (Str. Hsrt b II β): Aderlassbrief oder -zettel, Verzeichnis der Tage, an welchen zur Ader gelassen werden soll, (Grimm VI, 270). Nach der Figur auf solchen Einblattdrucken auch wohl «Lassmännle» genannt.
lassczedel (Folz, Spr. u. Mstrgsg.): Aderlasszettel, s. das vorige. Unrichtig sind die Erklärungen von Waldau a. a. O. 161

Anm. n, (nach Scherz' Glossar): «Tagbuch» und A. Schultz, Deutsches Leben im 14. und 15. Jhdt. S. 104: «loszettel sind die Steuerquittungen».

lendel (Folz, Mstrgsg. Str. 7, 2): Wohl Deminutiv von lent, lend = Band, Riemen (vgl. Frommann, Mundarten II, 553, IV, 262).

leymparten (Str. Hsrt. c II 2): mhd. lampride Lamprete (Lexer).

lichtdigel (Folz, Mstrgsg.) **liechtdigel** (Folz, Spr. und Hs. Ss.) = lucibulum (Lexer I, 1910), «Lampe in Tiegelform» (Grimm VI, 893).

liechterform (Str. Hsrt. a IV 2); lichtform = Form zum Lichtgiessen (Grimm VI, 883).

löffelgürt (Str. Hsrt. a III 2): wohl an der Wand befestigte Riemen oder dergl., hinter die die Löffel gesteckt wurden.

ludel (Folz, Spr.) **lüdel** (Folz, Mstrgsg.) **lüdelein** (Hs. Ss.): Sauggefäss für kleine Kinder (Lexer; Grimm VI, 1230).

lydt (Str. Hsrt. a III β); lied = Deckel, Deckel eines Gefässes, Behälters etc. (Grimm VI, 982).

mat (Str. Hsrt. c I β) = mhd. mëte, math Honig Met, süsser Trank? Vgl. Martin-Lienhart I, 736 unter «Mët».

matzen (Str. Hsrt. b IV 2): «matze geflochtene Decke, die oberdeutsche Form von Matte» (Grimm VI. 1770).

mess (Str. Hsrt. b. II 2): Messing.

messen (Hs. Ss.): aus Messing.

messer (Folz, Mstrgsg. Str. 6, 7): «Dan hat der messer» sinnlos verlesen oder verschrieben für «damhader,-messer» s. damhader, demmesser.

mistberen (Str. Hsrt. b IV β): mistbahre, mistbäre, mistbere, mistber etc. Mistbahre (Grimm VI, 2267).

Montflaschcun (Str. Hsrt. c III 2): eine Weinsorte. «Vin de Montefiascon, wächset bey der Stadt Montefiascon, am Berge Alcino nella Compagna di Roma, davon das Sprichwort entstanden: Propter est, est, Dominus meus mortuus est» (Der ... Curiose Keller-Meister etc. 1. Teil. Nürnburg 1705. S. 95.)

mörretich (Str. Hsrt. c I β): Meerrettich.

möschin (Str. Hsrt. c III 2): mösch (Grimm VI, 2595). Was für ein Pelzwerk ist gemeint?

muelter (Hs. Ss.): multer = Melkkübel, «längliches ausgehöhltes Gefäss, Trog» (Grimm VI, 2658).

murkolben (Str. Hsrt. c II 2): «murkolbe: cottus gobio, Kaulkopf, eine Fischart» (Grimm VI, 2717). Vgl. indessen die Bemerkungen zu «gruppen» und «kuten».

müsskorb (Str. Hsrt. c II β): Käfig für die Vögel während der Mauserzeit (Lexer). Vgl. die Abbildung des Vogelkäfigs auf dem Holzschnitt Bl. a IV β oben rechts.

mylling (Str. Hsrt. c II α): «mülling, Name eines Fisches, cyprinus phoxinus, der Elritze» (Grimm VI, 2657).

nadelbein (Str. Hsrt. b III β): Nadelbüchse aus Knochen (Lexer).

narten (Str. Hsrt. a IV α): mhd. narte Trog Mulde (Lexer).

nassen (Str. Hsrt. c II α): eine Fischart. «Die Nasen sind bekannte fisch bey allen Teütschen, hat seinen nammen von der gestalt seiner nasen, so stuntz oder kumpff, wirdt sonderlich von Alberto benamset vnnd beschriben, Ist nit vngleych dem Alat. In seinem bauch hat er ein seer schwarczes fäl, von dannen das sprüchwort kompt: Ein Nasen ist ein schryber.» (Gesner-Forer, a. a. O. Bl. 170 b.)

neber (Hs. Ss.) **nebigher** (Folz, Spr. und mit Verschreibung Mstrgsg.): der Bohrer (Lexer Grimm VII, 7, etc.).

nesser (Folz, Spr.): der Naser, Neser = Sack Tasche (vgl. Schmeller I, 1758).

nünöcken (Str. Hsrt. c II α): Neunaugen.

ofenkrucke (Folz, Spr. und Mstrgsg., Hs. Ss.): in Folzens Meistergesang schon durch den Zusatz «da mit mons feir zwsamen ruck» erklärt, also Feuerhaken. Vgl. über das alte Wort, das schon im ahd. (ovanchrucha) vorkommt, Grimm V, 2428.

orgriffel (Str. Hsrt. a IV α): nach Grimm VII, 1263 «ein chirurgisches Instrument, welches von den Wundärzten zu den Ohrgebrechen gebraucht wird»; doch siehe den folgenden Artikel.

ougenzengel (Str. Hsrt. a IV α): In der Zusammenstellung mit dem vorhergehenden wird man hier wohl an Instrumente für Augenoperationen zu denken haben. Nach E. Martin (frdl. Mitteilung) können orgriffel und ougenzengel nur Instrumente zum Reinigen von Ohr und Auge sein. Dann wäre also «orgriffel» wohl so viel wie Ohrlöffel.

pachen (Hs. Ss.): ahd. pacho, mhd. bache «Rücken und Seitenstück (Speckseite), das geschlachtete, aufgehängte, dann auch das lebendige Mastschwein» (Grimm I, 1061).

pan (Folz, Mstrgsg.): Bohnen.

panczerfleck (Folz, Spr. u. Mstrgsg., Hs. Ss.): «Stückchen Drahtpanzer, das die Köche zum Scheuern der Gefässe brauchen» (Waldau Neue Beitr. II, 163 Anm. y). Im Meistergesang auch mit dem erläuternden Zusatz: «da mit mon weck den vnflat reiben dw».

Passuner (Str. Hsrt. c III α): «Sapa, Calenum, Defrutum vnnd Passum, seind gekochte gesottene wein, gehören in die Apotecken vnnd herrn kuchen, daselbst weiss man sie zü gebrauchen». (Hieronymus Bock, Teütsche Speiszkammer. Strassburg 1555. Bl. 49a); «Vinum Malvaticum, Malvasier, nemlich auf der Insel Creta .... Der zu uns gebracht wird, ist Vinum passum, aus von der Sonnenhitze hart verwelckten oder eingeschrumpften Trauben gepresset» (Der .. Curiose Keller-Meister. Nürnberg

1705 I, 94). Mit dieser letzteren Weinsorte ist vermutlich der
«Passuner» des Strassburger Hausrats identisch. Oder ist der
altberühmte Bozener gemeint? (vgl. Schultz, Deutsches Leben
im 14. und 15. Jahrhundert S. 5o5: «Passener», «Passowner»
zum Jahre 1462 erwähnt im Cod. dipl. Saxon. reg. II, Bd. 8
S. 277 und 352).

penal (Str. Hsrt. α IV 2): «Das Pennal theca calamaria»
(Spaten Sp. 1425), Schreibfederbüchse (Grimm VII, 1541). Noch
heute in einigen Gegenden Norddeutschlands ganz gebräuchlich.

penck schab (Folz, Mstrgsg.): s. banckschaben.

penet (Folz, Spr.): «penit, penitzucker: zu Stangen einge-
dickter Honig, gewundener Zucker» (Schmeller I, 393; vgl. auch
Grimm VII, 1540).

perber kraus (Folz, Mstrgsg.): s. probir kr.

petten pratt (Folz, Mstrgsg.): mhd. botenbrot Geschenk für
die Überbringung einer Nachricht (Lexer). Besonders häufig
ist es in der Litteratur die Nachricht von der glücklichen Ge-
burt eines Kindes (vgl. Schmeller I, 3o8); daher wurde das Wort,
wie es scheint, in späterer Zeit an Bett (= Kindbett) volksetymo-
logisch angeglichen.

peterlein (Hs. Ss.) Petersilie.

pfanholtz (Hs. Ss.): hölzernes Pfannengestell auf dem Tisch,
Pfannenknecht (Grimm VII, 1616).

pfrellen (Str. Hsrt. c II α): «pfrille: ein kleiner Süsswasser-
fisch, besonders die Elrize, aspratilis pelanus» (Grimm VII, 1795).

pfulwen (Str. Hsrt. b II β): mhd phulwe, phülwe Federküssen,
Pfühl (Lexer).

pipen (Folz, Mstrgsg.) s. unter kuerlein = kunerlein.

pisn (Hs. Ss.) Bisam.

platyslin (Str. Hsrt. c II α): «platteise, plateise, der Flach-,
Plattfisch, die Scholle» (Grimm VII, 1909).

pletz (Hs. Ss.): Lappen (vgl. Grimm VII, 1933).

pleyel (Folz, Mstrgsg.): s. blwel = bluel, bleuel.

pratter (Folz, Mstrgsg.) s. braeder.

prein (Folz, Mstrgsg.): Hirse, Buchweizen. (Vgl. Schmeller
I, 353).

pretter (Hs. Ss.) s. braeder.

prieff an die went (Folz, Mstrgsg.) s. brieff...

probir krauss (Folz, Spr.): krůse zum Probieren des Weins
(Lexer II 299); krůse = Krug.

psalterien (Str. Hsrt. b II α): psalterje swf. ein besaitetes
Tonwerkzeug (Lexer).

pulpet (Folz, Spr.): Pult.

rackfisch (Str. Hsrt. c II α): Nach dem Wörterverzeichnis zu
Brucker, Urkunden von Strassburg: eine Stockfischgattung.

rechsayl (Str. Hsrt. c IV β): Jagdseil für Rehe (Lexer).

recken (Str. Hsrt. c II 2): Rochen?

reff (Str. Hsrt. b IV β): s. unter hafenreff.
regelsbyren (Str. Hsrt. c IV α): regelsbirn eine Abart der Königsbirne (Lexer).
reibscherb (Folz, Spr.): wie reibschale eine Schale, um Körper darin zu zerreiben. (Grimm VIII, 572).
reibtuch (Folz, Spr.): Tuch zum Reiben (Grimm VIII, 572).
reichböcklin (Str. Hsrt. b IV β): Rehböcklein.
reissend vr (Folz, Mstrgsg.) **reisende vr** (Hs. Ss.): Sanduhr.
rencken (Str. Hsrt. c II α): renke, renk m. am Bodensee des Blaufelchen und Weissfelchen im 4. Jahre. Der Name zusammengezogen aus rên-ancke, Anke des Rheins (vgl. Grimm VIII, 805).
Reynfal (Str. Hsrt. c III α): der bekannte Wein (vgl. Grimm VIII, 700 f.).
reysent ôr (Folz, Spr.): Sanduhr.
Romanyer (Str. Hsrt. c III α): griechischer Wein.
roppen (Str. Hsrt. c II α): wohl dasselbe wie rufolcken, s. dort.
rösslen (Str. Hsrt. d I β): von Rose abgeleitet, Euphemismus für das «alvum exonerare» der Kinder und den damit verbundenen Duft (vgl. Grimm VIII, 1234).
rötling (Str. Hsrt. c II α): mhd. roetelin, roeteling = rôte ein rötlicher Fisch, Rotflosser, Rotforelle (Lexer, vgl. Grimm VIII, 1304 und 1313, wo die «rote» cyprinus rutilus, von dem «rötling», salmo ambla, getrennt wird).
röttelen (Str. Hsrt. c II α): wohl mit dem vorigen identisch.
rotten (Str. Hsrt. b II α): mhd. diu rotte ein harfenartiges Saiteninstrument, decachordum (Lexer).
rreps (Str. Hsrt. c II α): wohl verdruckt für kreps. Der Krebs («sive Schalfisch» sagt der Spaten [Kaspar Stieler] Sp. 487) hat meist in die älteren Fischbücher Aufnahme gefunden, so figuriert er auch in dem Strassburger Schriftchen: Wie man Visch vnd vogel fohen soll.
rübnoppen (Str. Hsrt. c I β): Rübnoppen, Rübenschwänze = Rüben?
rufolcken (Str. Hsrt. c II α): mhd. rufolc Aalraupe, Raubaal (Lexer); «Aalraupe, der bekannte Raubfisch der Flüsse und Seen, lota fluviatilis, gadus lota = ruppe, rutte» (Grimm VIII, 1409).
rumpfel kes (Hs. Ss.): «rumpfelküse in Nürnberg eine Art Pfefferkuchen» .. (Grimm VIII, 1494). Sollte es sich nicht vielmehr um den noch heute, in Nürnberg so beliebten Käsekuchen handeln?
salssen schusselein (Folz, Spr.): Saucenschüsselchen.
schab (Str. Hsrt. a III β): = schoup Strohwisch, Gebund, Bündel, Strohbund (Lexer). Vgl. auch Frommann, Mundarten V, 460, 476; Jahrbuch für Gesch. etc. E.-L.'s IX, 187.

schaffthöw (Str. Hsrt. b IV β): dasselbe wie schafthalm, schachtelhalm etc. (Grimm VIII, 2051).
schalaun (Folz, Spr.): Decke, Gewand (Schmeller II, 393 f. Vgl. auch Grimm VIII, 2059: «kommt von der Stadt Chalons».. Waldau a. a. O. 165 Anm. 1: «eine Art Kleidung, Schlafrock», was vielleicht das richtige trifft).
schalck (Str. Hsrt. a II β): «mundartlich von einem dienenden, helfenden Geräte, Träger, auf dem etwas ruht» (Grimm VIII, 2075). Ein solcher «hültzner Schalck» ist auf dem Holzschnitt a II 2 im Hintergrunde rechts abgebildet.
schamalet (Str. Hsrt. c II β): Schamlot, ein aus Kameelhaaren gewebtes Zeug (Lexer, vgl. auch Grimm VIII, 2119: zunächst aus Kameelhaaren bereiteter feiner Wollstoff).
scharen (Str. Hsrt. b II β): es scheint sich um ein Getreidemass oder -behälter zu handeln. Am nächsten kommt dieser Bedeutung der Spaten Sp. 1738: «scharre, scharne, schern, schranne: fulcrum, panarium». Oder ist an elsäss. Schärr f. = Scharre, Werkzeug des Schornsteinfegers zum Abkratzen des Russes, Zusammensetzung: Mueldschärr = Scharreisen, mit welchem der Backtrog gereinigt wird, (frdl. Mitteilung des Herrn Direktors Lienhart) zu denken?
scheffin seyten (Str. Hsrt. b II 2): Schafsaiten.
schefft (Str. Hsrt. b II α): Schäfte, Stangen, wie man sie auf den Abbildungen des Strassburger Hausrats verschiedentlich in Gebrauch sieht; schwerlich = Schränke (vgl. Schmeller II, 386; Grimm VIII, 2013).
scheling (Str. Hsrt. c II 2): die Scholle?
schewrn (Hs. Ss.): mhd. schiure Becher, Pokal (Lexer).
schifen (Str. Hsrt. c III 2): Schife noch heute im Elsass = Schote von Hülsenfrüchten mit oder ohne Inhalt (frdl. Mitteilung des Herrn Direktors Lienhart. Vgl. auch Jahrbuch IX, 188; Schmeller II, 384; Frommanns Mundarten III, 146 etc.).
schindelteller (Str. Hsrt. c II β): hölzerner Teller, Präsentierteller (Grimm IX, 189).
schisselring (Folz, Mstrgsg.) s. schuesselring.
schlag (Str. Hsrt. a III 2): Schlägel (vgl. Grimm IX, 333).
schlotterlein (Folz, Spr. u. Mstrgsg.): mhd. sloterlîn Klapper, Spielzeug für ein kleines Kind (Lexer. Vgl. auch Grimm IX, 788).
schmyrlin (Str. Hsrt. c IV β): mhd. smirl, smirle, dem. smirlîn von mlat. smerillus Der Zwergfalke (Lexer).
schnetterling (Str. Hsrt. c II 2) = snetz = schnotfisch?
schnotfisch (Str. Hsrt. c II 2): mhd. «snotfisch cyprinus dobula, in Strassburg schnottfisch» (Lexer).
schöb (Str. Hsrt. b IV β); Schaub, Bündel, Büschel (Jahrbuch IX, 187).
schoubin (Str. Hsrt. c IV α): mhd. schöubin = von Stroh (Lexer).

schritter (Folz, Mstrgsg. Str. 6, 19): Damit sind vermutlich die kleinsten Spähne gemeint, die in Folz' Spruchgedicht an der entsprechenden Stelle schleussen (= Schleissen, noch heute gebräuchlich) genannt werden. Mit schrott, Baumstamm, Klotz zusammenhängend?

schrotlaitter (Hs. Ss.): Leiter zum auf- und abladen der Fässer (Lexer).

schürlitz (Str. Hsrt. c II β): «schürliz paludamentum» also Mantel (Lexer). «Name eines Zeugstoffes und eines Kleidungsstücks aus demselben» (Grimm IX, 2051).

schüsselkorb (Str. Hsrt. a II β, Hs. Ss.): «Gestell, Geflecht, auf das man Schüsseln setzt» (Grimm IX, 2075). Man sieht einen solchen Schüsselkorb auf Bl. a II α des Strassburger Druckes links abgebildet.

schuesselring (Hs. Ss.) **schusselring** (Folz, Spr.): schüsselring Hohlring, auf den die Schüssel gestellt wird, damit die Decke nicht beschmutzt wird (Grimm IX, 2075).

schwinggerten (Str. Hsrt. c I β): wird durch den Zusatz «macht die Nuss abrysen» genügend erklärt.

schyt (Str. Hsrt. b II α): so viel wie trumschit, monochordium, der bekannte einsaitige Vorläufer unserer Bassgeige.

seges (Str. Hsrt. b IV β): Sense (Lexer).

sester (Str. Hsrt. c I α): mhd. sehster, ein Gefäss (Lexer).

sittecust (Str. Hsrt. b IV β): Sittich, Papagei (Lexer).

slaider (Hs. Ss.): die Ausgabe von 1545 hat dafür schlayr, die von 1553 u. 1558 klayder. Es ist wohl ein Schleyer, Kopftuch gemeint.

schanck (Str. Hsrt. a IV β): mhd. schanc = schranc Schrank (Lexer).

sprintz (Str. Hsrt. c IV β): mhd. sprinze Sperberweibchen (Lexer).

standgelten (Str. Hsrt. c IV α) **stantner** (Folz, Mstrgsg.) **stentner** (Folz, Spr.) **stentlein** (Hs. Ss.): wohl etwa gleichbedeutend: Standgefässe, Stellfässer, Kufen.

stauchen (Hs. Ss.): mhd. stûche der weite herabhängende Ärmel an Frauenkleidern; Kopftuch, Schleier; Tuch, Schürze (Lexer).

stentlein s. standgelten.

stentner s. standgelten.

sternichte Eyer (Str. Hsrt. b III β): sollten damit Spiegeleier, Ochsenaugen gemeint sein? Ich habe den Ausdruck sonst nirgends gefunden.

steinbyss (Str. Hsrt. c II α) mhd. «stein-bîze fundulus saxatilis (piscis)» (Lexer).

stossredlin (Str. Hsrt. b III β): vermutlich = Schlagreifen (Knabenspielzeug). Oder das auf dem Holzschnitt Bl. c III β ganz im Vordergrunde abgebildete Spielwerk?

streyche (Str. Hsrt. b II β): mhd. striche Streichholz des Kornmessers (Lexer).

stůlach (Str. Hsrt. b II β): mhd. stuol-lachen Stuhlteppich, Teppich überhaupt (Lexer).

sturcz (Folz, Spr.) **stüerzen stüertzen** (Hs. Ss.) mhd. sturz stm. und stürze swstf. Deckel eines Gefässes (Lexer). Das Wort kommt bei Hans Sachs (S. 3) innerhalb dreier Zeilen zweimal vor; schon der unreine Reim ergiebt indessen, dass es sich das erste mal (zwo stüerzen) um einen Schreibfehler handelt. Es sollte heissen stützen; «die stützen» ist die noch heute in Nürnberg gebräuchliche Bezeichnung für ein «Gefäss von Böttcherarbeit, auch wohl von Blech in Form eines abgestumpften Kegels mit einer Seitenhandhabe» (Schmeller II, 802). Vgl. das grössere Gefäss auf dem fünften Felde der untersten Reihe des auf unserer Tafel wiedergegebenen Einblattdrucks.

stürtz (Str. Hsrt. c II β): sturz Schleier (Lexer).

surachfessel (Str. Hsrt. b II α): ein Fässchen mit surach oder suroch (s. d.)?

suroch (Str. Hsrt. c I α): Sollte die nach dem Birnmost abgelaufene und vielleicht schon sauer gewordene Flüssigkeit, also eine Art Essig (Birnessig) gemeint sein? Nach einem Zettel Stöbers zum Wörterbuch der elsässischen Mundarten bedeutet «Surraucher» einen ernst aussehenden Menschen (frdl. Mitteilung des Herrn Direktors Lienhart). Jedenfalls hat man das hier gebrauchte Wort seiner Bedeutung nach von dem folgenden doch wohl zu unterscheiden, da dieses (surouch) besonders aufgezählt wird.

surouch (Str. Hsrt. c I β): surach Sauerdorn Berberitze. Die scharlachroten Beeren der Berberitze sind auch wohl gemeint, wenn es bei Geiler, Christlich bilgerschafft 210b heisst «Nim den roten surouch» etc.

süwnarten (Str. Hsrt. b IV β): mhd. narte Trog, Mulde, also wohl Sautröge.

thaen (Folz, Spr.): Thon, Lehm. Vgl. oben S. 30 f. — A. Schultz, Deutsches Leben im 14 und 15. Jahrhundert S. 126 giebt eine ganz verfehlte Erklärung von thaen: «then dehem = Decem, Abgabe».

Tramynner (Str. Hsrt. c III α): aus Tirol stammende Weinsorte (Schmeller I, 662), die indessen im 16. Jahrhundert beispielsweise auch an den Bergen Churbrandenburgs gepflegt wurde (vgl. Joh. Colers Haussbuch II, C III α). «Dieses Tramin ist ein am linken Etschufer gelegener, seiner Weine wegen altberühmter Tyroler Marktflecken» (Weigand, Deutsches Wörterbuch II, 918).

trasen (Str. Hsrt. c II β): Tressen.

treyffen (Str. Hsrt. c III β): die Stelle ist mir nicht recht verständlich. Sollte es sich um einen Witz handeln: nichts essen (leere Häfen, Töpfe) ist gut gegen «die treibe» (= Diarrhöe, Kolik; vgl Schmeller 1, 460). Direktor Lienhart (frdl. Mitteilung) weiss auch keine sichere Erklärung. Er meint: «Vielleicht denkt der Verfasser an die Eigentümlichkeit, dass beim starken Kochen von Wasser etc. in einem Topf sich an dem etwas über den Topfrand reichenden Deckel Wassertropfen ansetzen, die, gehörig erkaltet, abtropfen; also: wenn man nicht darin kochen kann, tropft auch nichts ab oder kocht nichts über».

trot (Str. Hsrt. c I a): mhd. trote Weinpresse, Kelter (Lexer).
vehe (Str. Hsrt. c II β): feines Pelzwerk. Das Fell welches Tieres damit ursprünglich gemeint war, scheint nicht ganz festzustehen.
vntrewe (Folz, Spr.): Druckfehler f. vntewe, undeue (gestörte Verdauung).
vrley (Str. Hsrt. b II β): mhd. ûrlei, ôrlei, ôrolei (von horologium) Uhrwerk, Uhr (Lexer).
wacken (Str. Hsrt. b III a): wacke = Feldstein.
walen (Str. Hsrt. b III β): walen = walzen, wälzen (vgl. Schmeller II, 884). Ein Hauptwort Wale etwa = Kugel, Rolle od. dergl. habe ich sonst nicht gefunden, doch teilt mir Herr Professor Martin mit, dass Wal f. im elsäss. heute eine Walze bedeutet, womit man Kuchenteich glättet; «also ein Rollspiel wird gemeint sein».
wanne (Str. Hsrt. b II β): Getreide-, Futterschwinge, vannus, ventilabrum (Lexer).
wartolff (Str. Hsrt. c II a): eine Art Netz (Lexer).
waschpock (Hs. Ss.): noch heute in manchen Gegenden Süddeutschlands «Waschbock», «Waschböckle», worauf das Waschfass steht.
waschstück (Folz, Spr. und Mstrgsg.): wohl die Wäschstangen zum Emporhalten der mit Wäsche beschwerten Wäscheleinen.
wecken (Str. Hsrt. c I a): wecke Keil (Lexer).
weckolter (Str. Hsrt. c I β): Wachholder.
weidasch (Folz, Spr. und Mstrgsg.): «der Waidaschen. a) Asche aus gebrannten Weinhefen, besonders zum Gebrauch der Waidfärber .... und zum Verfälschen des Weins. b) Pottasche». (Schmeller II, 850).
weisen (Hs. Ss.): ist wohl eine Verschreibung, wenn nicht etwa an die Strohwische, Laubbüsche etc. zu denken ist, die vors Haus gehängt werden, um anzuzeigen, dass an dem betr. Tage ein Fass Wein frisch angezapft wird oder dergl. Die anderen Ausgaben haben dafür (spicknadel-) preysen, was in dieser Verbindung auch nicht recht verständlich ist.
wellen (Str. Hsrt. c II a): welle = walze Reisigbündel etc. (Lexer).
wepp (Str. Hsrt. c III a): eigentlich Gewebe. «Dry wepp von hanff» wohl soviel wie: drei Gebinde Hanf.

weschker (Folz, Mstrgsg.): mhd. wetzger, wetzker, wetschger. wetscher = Reisetasche, Felleisen (Lexer). Nürnberg war berühmt für die Fabrikation solcher Taschen; vgl. Reimchronik über Herzog Ulrich von Württemberg, ed. Seckendorff (Bibliothek des Litterarischen Vereins Bd. LXXIV) S. 87: «Von Nuernberg die hipschen wetschger macht».

westerhemd (Folz, Spr.): Taufkleid, -hemd (Lexer).

westerhemdlin (Str. Hsrt. d I α) Dem. zum vorigen.

weyss (Str. Hsrt. b II β): Weizen.

wibl (Hs. Ss.): Bibel.

wigenwant (Folz, Mstrgsg.): = Wiegenband.

win de Curss (Str Hsrt. c III α): welche Weinart gemeint ist habe ich nicht feststellen können (Vgl. Grimm II, 640).

wörmysen (Str. Hsrt. a IV 2): Wärmeisen, ein zum Lichtermachen gehöriges Instrument.

wurmysin (Str. Hsrt. c I β): Druckfehler für wörmysen, womit dann an dieser Stelle vielleicht ein Bügeleisen gemeint sein könnte?

zanckysin (Str. Hsrt. a IV α): «Zankeisen, ein Nürnberger Spielwerk» (Schmeller II, 1136 f.). Offenbar eine Art Gedulds- oder Vexierspiel.

zannen (Hs. Ss.): knurren, weinen.

zeyn, zeynen (Str Hsrt. a III β und c I α): zein = Reis, Rute, Rohr, Stab; zeine Geflecht aus zeinen, Korb u. dergl. (Lexer). Letzteres ist hier wohl beidemale gemeint. «Zû den Spen ein zeyn» ist auf dem Holzschnitt Bl. a III β im Hintergrunde links zu sehen. Vgl. auch den Korb auf dem dritten Felde des auf unserer Tafel wiedergegebenen Einblattdrucks.

zübelfisch (Str. Hsrt. c II 2): wohl = «Zwiebelfisch, albula, leuciscus» (Spaten, Deutscher Sprachschatz 1691 Sp. 487).

zubness, czubauss (Folz, Spr. a III 2 und b I α): mhd. zuobuoz, zuobuoze Zugabe, Zuwage (Lexer), hier etwa = Vorrat.

zwaghub (Str. Hsrt. b II 2): Waschbütte?

zwlegdeller (Hs. Ss.): = zulegteller, Präsentierteller? Die Ausgabe von 1545 hat zleg-, die von 1553 und 1558 haben «zerlegdeller», was eher an eine Platte zum Zerlegen des Bratens denken lässt.

zyblecht(kennel) (Str. Hsrt. d I β): die Wortform ist nicht recht verständlich. Es scheint sich um ein Blechkännchen oder um ein Kännchen mit einem «Zuwl» — im Zornthal und Kortersberg = Schnauze — (frdl. Mitteilung des Herrn Direktors Lienhart) zu handeln. Oder bezeichnet das Adjektiv nur die Form: zwieblicht, von der Gestalt einer Zwiebel?

ANHANG I.

HANS FOLZENS MEISTERGESANG VON ALLERLEI HAUSRAT

(NACH DEM COD. BEROL. GERM. 4° 414 BL. 373 B—375 B)

In Jorg Schillers meyen weis 9 lieder.

1. Ich gib ain ler dem jüngen man
   die zeitlichen bünt heben an
   zw fligen e sie fliegel han
   bünd weiber nem
   sie werden zem
   als ich eüch singen wil —
   Armüt kümpt in gedrüngen ein
   sie müssen alpet schülbig sein
   gewinen bar nach kindelein
   die sün auf gat
   im haus kein prat
   der armüt der ist vil —

   Ein iber sich bebencken bw
   wil er in der ee haben rw
   das er hab was im bar gehor zw
   von geschir vnd hausrat
   in die stüben stül penck]merck das

bisch vnd bischbüch
hantüch gisfas
hantpeck kandelpret vnd pir glas
kopff vnde krails,
do mon brinckt aüs
das selbig gar wol stat —

2. Kandel vnd flaschen kulkessel
schisselring waschpirs laszebel
leüchter liecht scher vnd licht bigel
loffel salczfas
ein engster glas
gütrolff triechter barbey —

Prieff an die went ein spiegel güt
kartten spilpret zw güttem müt
ein reissend vr da mit mon büt
warten der stünd
mer dw ich künt
was by nottürfftig sey —

So mon büt in die küchen gann
heffen vnd krüg kessel vnd pfann
driffus pratspis müs mon aüch hann
plaspalg ein rost ist sit
ein pratter vnd ein offen ror
ein abascar
cimet vilr war
ein krüg mit essig laütter klar
morser, stempffel offengabel
hackpret hackmesser mit —

3. Bamloffel feichpfan offenkruck
ba mit mons feir zw samen ruck
ein peffen in ein winckel schmück

[374 a]   ein panczer fleck
ba mit mon weck
ben vnflat reiben bw —

Kolloffel vnd auch ein falczfas
schüffel vnd beller klein vnd gras
hack penck vnd penck schab nit krat bas
feierzeüg schweffel
macht ein feier schnel
vnd büres holcz barzw —

So mon nün in bas pab wil gan
ein krüg mit laügen müs mon han
pattüch wisch büch vnd ein pab schwam
patpeck pat hüt ein strel
in ben weinkeller bw ich streich
wein pir kraut opffelmüs gleich
nach bem einr ist arm ober reich
merck vilrpas acht
vnb weitter bracht
bas bir bie fach nit vel —

4. Ein korp mit ayren ba zw hant
pratkorp keskorb ein haffen pant
rot rüben wil man ir gewont
latwerig güt
auch hab in hüt
allerley speczerey —

Jn die schlafftamer do ich schleich
der hat ein pet senfft vnde weich
rüet die nacht des seuberleich
irt die nit was
dicz oder das
so schlafft ir also frey —

Ein stro sack spanpet vnd ein beck
ein deckpet wil es nit wil kleck
Schaw das in nit der winter weck
küs polster leylach mit
nacht schüch nacht haüben zimet auch
wer dar on spart der ist ein gansch
die mon zw notürfft but geprasch
ein prüncz scherben
brüen kisten
die sach hat gar kein pit —

5. Ein gwant kalter dar ein man büt
mentll röck hossen hemet gut
schawben pelcz kittel vnd ein hut
gürtel hantschüch
daschen vnd pruch
[374b] weschcker paret dar pey —

Was sünst bw in der brüen steck
von leckküch latwerig confeck
da mit mon beglichen büt leck
silber geschir
büt mich nit ir
das stünd dar pey gar frey —

In der speis kamer müs mon han
prot keß salcz vnde schmalcz voran
visch flaisch arbis linsen vnd pan
reis prein gersten dar mit
hanthaber prey vnd weiczenmel
kalt aschlag knobloch vnd zwiffel
hüner enten gens daubenn vogel
speck vnd retich
dar mit mon mick
besten wen es ist sit —

6. Auch wirtt nement des kellers war
fasporer pipen zapffen zwar
vil kanden stantner ein wein rad
ein perber kraus
da mit mon alls
ein heimlich brincklein büt —

Dan hat der messer auch dar mit
verroret vil ich lobes nicht
schweffel weidasch wu es ist sit
vil gallat bir
da von hy mir
zw sagen nit ist müt —

Hy mit so küm ich auch herein
was alzeit notürfftg wirt sein
das hie zw melden in gemein
mon fint es alles feil
negber schniczmesser darff mon wol
so mon im haus was pessern sol

vil schritter spen vnd auch die kol
zangen vnb sag
borff man al bag
schrot eissen vnb ein keil —

7. Hawen vnb schaufsel ein waschstock
lenbel schaff züber ein waschbrock
ein pleyel vnb ein [375a] garenrock
ein haspel gůt
scher fingerhut
nabel elen auch bracht —

Von schwarcz vnb weißer farb ein zwirn
vogel hünbt kaczen knecht vnb biren
marckkorb brackkrob vnb ein karniren
vil kerczenlicht
on bie mon nicht
gesicht wol pey der nacht —

Stangen mag mon geratten hart
schwert messer spies vnb hellepart
begen streich hak zw wider wart
ein harnisch wol gepirtt
auch was iber hant was bebarff
nemlich es ist mir vil zw scharff
ich ge recht her nach meiner larff
ein yber sol
selb wissen wol
was im notürfftig wirt —

8. So bas weib mit eim kinblein get
grawen vnb kreien ir zw stet

mancher ley lust sie nit verlet
ir leib get auf
wol hin vnd kauff
dein kynd was es bedarff —

Ein wigen want vnd sigen sein
nymet die halben stuben ein
solt mon halt vngearbeit sein
ein wigen panck
das vogel gsanck
wirt manchem vil zw scharff —

So dan des weib geperen sol
wirt der mon gepeiniget wol
gar eilet heist mon in do hol
dy hebam müs er hab
auch ander weiber pringen dw
so hat er weder rast noch rw
als lang pis mon im saget zw
wie es zw gat
das petten pratt
leich her ich las nit ab —

[375 b] 9. Ein kinsmeit vnd ein kins pfenlein
milch mel lübel schlotterlein klein
ein firhang der mus auch da sein
geweichtes wax
da mit mons nachs
kreücziget vnde ficht —

Erst hebt sich gries gramen der zen
dy kellerin geit zw versten

leich her ein knacken ober zwen
wein müs man han
der arm müs bran
wie er die sach als dicht —

Hat einer dan kein kinder hüt
vür war die sach dy wirt nit güt
scheützlich sehen nit helffen but
rock mentel gen da hin
die lossung kümpt vnd laüfft nit ler
wirt manchem armen vil zw schwer
frew dich der zinst get aüch da her
es hat kein spar
das ich manch iar
aüch inen worden pin —

ANHANG II.

HANS SACHSENS SPRUCHGEDICHT «DER GANTZ HAWSRAT»

(NACH DEM HANDSCHRIFTLICHEN FÜNFTEN SPRUCHBUCHE
DES DICHTERS, COD. GERM. 2º 591
DER KÖNIGLICHEN BIBLIOTHEK ZU BERLIN BL. 100—103)

Der gantz Hawsrat

[A] ls ich ains tags zw bische sas
mit meim gesind das fruemal as
kam zw mir Ein junger gesel
Gantz Eillent mit grosem geschel
Vnd pat mich ich solt so wol than
Des tags werden sein Hayrath man
Ich antwort im wo oder wen
Er sprach ich solt nur mit im gen
Es wer vorhin wol halb geschehen
Da ward ich wider zw im jehen
Wie Eilst, es wirt dir noch zw frue
Wen du versuchst Angst, sorg vnd mue
So in der E liegen verporgen
Er sprach ich las die fögel sorgen
Die müesen in dem wald vmbfliegen
ich sprach die lieb thuet dich petriegen
Vnd plendet dich in diesen sachen
Die E wirt dich wol sorgen machen
Er sprach warumb das west ich gern
ich sprach dw wirst palt innen wern

in dem haußalten mit dem haußrat
Er sprach wen man zwo schüsesel hat
Vnd ainen löffel oder drey
Ein hafen oder vir darpey
Des kan man sich gar lang petragen
Ich sprach ich wil dirs anderst sagen
Es ghört vil haußratz zum haußhalten
Wiltw es anderst recht verwalten
Den ich dir nach einander her
Erzelen wil doch ongefer
Erstlich in der stueben gedenck
Muest haben disch, sessel, stüel vnd penck
Panckpolster, kües, vnd Ein faulpet
gießkalter vnd ein kandel pret
Hantzwehel, dischbuech schüsselring
Pfanholtz, löffel, beller, kuepferling
Krawsen, Engster ein pierglas
Kütrolff, drichter vnd saltzfas
Ein küelkessel, kandel vnd Flaschen
Ein pürsten gleser mit zw waschen
Lewchter, putscher vnd kertzen vil
schach, karten, würffel vnd pretspiel
Ein reisende vr, schirm vnd spiegel
Ein schreibzewg, dinte, papir vnd siegel
Die wibl vnd andre püecher mer
Zw kurtzweil vnd sitlicher ler
Darnach in die kuechen verfüeg
Kessel, pfannen, hefen vnd krüeg
Drifus pratspies gros vnd klein
Ein rost vnd pretter mus da sein
Ein müertz püchs vnd ain Esich vas

Mörser vnd stempfel auch vber das
Ein laugn vas, laugen haffen vnd zwo stürzen
Zw fewres not ein messen sprützen
Ain fischpret vnd ain riebeisen
Schüsselkorb, stürzen spicknabel weisen
Ein Hackpret, Hackmesser darzw
Saltzfas, wermpfannen Senffschüssel zww
Ein fuelbrichter ein Durchlag Eng
Faimlöffel vnd kolöffl bie meng
Ein spülstant panczerfleck darpey
Schüessel vnd beller allerley
Pletz klain vnd gros ich bir nit lewg
Schwebel zuinter vnd fewer zewg
Ein fewer zangen Ein ofen krücken
Das fewer pöcklein zw hin schmücken
Ein begel, plaspalck, offen ror
Ein offen gabel must haben vor
Kin, spen vnd holtz zum fewer frisch
Ein pessen, strowisch vnd flederwisch
Auch mustw haben im vorat
in der speiskamer frue vnd spat
prot, kes, ayr, flaisch vnd schmaltz
Fisch, öpfel, pirn, nüß vnd saltz
pachen flaisch, durr flaisch vnd speck
latwergen, leckuchen vnd andren schleck
Rosin, mandel vnd weinperlein
Was man sunst macht im zucker ein
Zucker, Confect vnd specerey
Wiertz, rotrueben auch darpey
Knoblach, zwibel vnd abschlag
peterlein, retig nützt man all tag

Linsen, gersten vnd Arbes gel
Hirs, reis, Haiden vnd wayzen mel
Hünr vend gens, Entn vnd fögel
Die machen die gest frölich vnd gögel
Ein aufheb schüessl, Ein zwleg beller
Nun must auch haben in dem keller
Wein vnd pier ie mer ie pesser
Ein schrotlaitter vnd ein bamesser
Ein faspörer mues auch da sein
Ein roren vnd ein kuerlein
Ein Stentlein vnd Etlich kandel
Weinschlauch vnd was gehört zun handel
Sawr krawt, payrisch rueben vnd weis rueben
So die alten in sant ein grueben
Wilt nun in dein schlafkamer gen
So mues darin Ein spanpet sten
Mit Strosack vnd vnd eim Federpet
Polster, kües, leylach vnd deckpet
Deck, prnntzscherben harnglas ain petuch
Nacht hawben, pantofel, nachtschuech
Vnd auch ein bruhen oder zwu
Darein man wol peschliesen thw
Gelt, Silber gschirr von pocalln
Klainat, porten, schewrn vnd schalln
Die bing gar wol thünd in dem alter
Auch mustw haben ain gwant kalter
Darein dw henckst, rock, mantl vnd schauben
Kittl, peltz, Hosen, wamas vnd hawben
Hemat, piret, huet, slaiber vnd stauchen
Auch was man zw dem gwant mues prawchen
Ein gwantpuersten vnd ein gwantpesen

Pißn ist almal gut brin gweſſen
Auch mueſt ſunſt haben in gemein
Vil Hawsratz in dem Hawſe dein
Darin man beglich flick vnd peſſer
Ein ſegen, neber vnd ſchnit meſſer
Hamer, negel, maiſl vnd zangen
Hobel, hantpeyhel ein laitren hangen
ſchauffel hawen vnd axt nuetzt man gern
Ein rechen, ſchlegel vnd ein latern
Auch werckzewg mancherley vorat
Zw deim handl in dein werckſtat
Den ſelben kan ich dir nit zeln
Dw wirſt birn ſelbert wol peſteln
Auch mueſtw haben knecht vnd maid
Die ſelben leg, trenck, ſpeis vnd klaid
Darzw ein hünd vnd auch ein katzen
vür die bieb, meus vnd auch die ratzen
Auch mueſtw für bein maid vnd frawen
nach einem ſpinreblein vmb ſchawen
rocken, ſpindl vnd Haſpel guet
Scher, nabel, Eln vnd Fingerhuet
Ein ſchwartzen vnd ein weiſen zwirn
Marckorb, dragkorb, fiſchack, kernirn
Auch mues ſie haben zw dem waſchen
Lawgen, ſaiffen, holtz vnd aſchen
Muelter, waſchpock vnd zueberlein
gelten vnd ſcheſſl gros vnd klein
Waſchbiſch, weſchplewl vnd ſtangen
Daran man thw die weſch aufhangen
Leilach, küſzichen vnd vnterhem
Halshem, facilet, goller nach den

Wen man den in das pad wil gan
Ein krueg mit lawgen mues man han
Padmantl, padhuet vnd Hauptuech
Peck, puersten, kamb, schwamen vnd pruech
Get dan die fraw mit ainem Kindl
So bracht vmb vier vnd zwantzig windel
Ein furhang vnd ain rumpfel kes
Weck, kes, vnd vbs zw dem gefres
Ein kintpet pet, dem kind ein wiegen
Als den so muest im stro bw liegen
Das kind die halb nacht hören zannen
Muest haben milch, mel vnd kindspfannen
Ein kindsmaid vnd ein lübelein
Erst getz ueber den pewtel dein
Die Hebam mustw zalen par
Die kellnerin hat auch kain spar
Wie sie dirs gelt vertragen kan
Darnach gieb ir auch iren lon
Darzw pezal auch knecht vnd maid
Dröpfl schuld bund dir vil zw laid
So get die lossung auch daher
Der Hawszinst lawft dir auch da her
Kanstw solchs alles nit Erschwingen
muest im versetzten don den singen
schaw in solcher armuet vnd mue
manch jung Evolk in irer plüe
Vnd irem jungen pluet verderben
in armuet pleiben pis sie sterben
So hab ich dir zelt aufgesundert
Des Hawsratz stueck pis in drey hundert
Wie wol noch vil ghört zu den dingen

Drawſtw dir den zw wegen pringen
Vnd darzw weib vnd kind erneren
So magſtw grewffen wol zw Eren
Drumb pdenck dich wol es ligt an dir
Da hueb er an vnd ſprach zw mir
Mein lieber maiſter Hans iſt das war
Wil ich gleich harren noch ein jar
Pis wider kumet die Faſnacht
ich hab es nit ſo weit pedacht
Das ſo vil in das Haus gehört
Die lieb hat mich plent vnd pedört
Weil ich pedacht in meinem herzen
in der E wer nur ſchimpfen vnd ſcherzen
Der brewen ler ſag ich euch danck
ich antwort im es iſt mein ſchwanck
Darumb magſtw thun was dw wilt
Den hauſrat hab ich fürgepilt
Zw warnung dir vnd jungen leuten
in brewen darmit zw pedewten
Das man fürſichtig hayraten ſol
Den vnkoſt vor pedenckn wol
Auf das kein nachrew daraus wachs
So ſpricht von Nurenberg Hans ſachs.

Anno ſalutis 1544
Am 12 tag Decembris

Von allem
hawszrath

Welch aner sich zu der ee wil lencken
Soll sich alweg vor wol bedencken
Was man als haben muß ins haus
Des ich ein teil will ecken aus
¶ Zum ersten gibt man die stuben gern
Beyd zu der notturfft vnd zu eren
Darin man nicht geraten kan
Banck benck vnd sidel muß man han
Tischtucher nehelis vnd facilet
Gissfas hantbecken vnd handelßres
Flaschen kandel zu bir vnd weir
Köpff gmeß vnd glas zu schenoken eyr
Saurz birglas ein becher darbey
Welch man bedarff das es do sey
Rolkessel misch kandel gispeck
Schusselring waschbursten glas deck
Loffel salz faß ein fliegen wedel
Brieff an die wand vnd ein laßzedel
Leuchter liechescher vnd ein liecht digel
Ein eysene dr vnd einen spiegel
Spilpret w seffel vnd ein kazen
Wer kan alß als nuger arbeit warten

Deicher eyn siet kotwoff die man
Für die züghen drunck muß han
Vogelhauß vogel hacken der wane
Diß sint der stuben dinck genant
¶ So man den in die kuchen teil
Czümbt disser haußrad wol mie
Töpff sturtzen kessel pfannen
Ob man nicht teglich wil drinn hantier
Dreyfueß blaßbalgk bratspis rost
Mus man auch haben was es kost
Ein kesselhengel übers feur
Sust wer offt warmes wasser teur
Hackmesser stuckmesser hackbret
Wer nicht koch und schaumlöffel het
Bratpfan reyseisen durchschlack
Der wer gesaumbt manchen tag
Mörschel strempffel reiß scherb reißtuch
Fleischgelt salßfaß ein essig krug
Hasen gabeln und ofenkrucken
Ofengabeln das fwer tzu rucken
Haußbesen und ein besens mher
Do man all nacht den herd mit ker
A ij

Ein spůlgeletzimbt auch wol furwar
Ein bretder vnd ein owen ror
Ein pantzer fleck mus man auch haben
Vnd zu der hackbenck ein banck schabt
Schůssel teller von holtz vnd zin
Schůssel vnd teller korb zu yn
Auff heb schůsseln vnd zu leg teller
Das man bey gesten schier kein feller
Senff vnd saltzen schůsselein klein
Vnd zu latwergen das stet rein
Auch schwebel feurzeug spen vnd kien
Dör holtz vnd schleuffen ist dir zin
Behent ein feur domit zu schurn
Sulchs in die kuchen sich gebürn
¶ Vorth ich in die speyßkamern kum
Nach anderm ding zu sehen vmb
Die man zu der narung mus han
Brot keß saltz vnd schmaltz zun oran
Allerley fisch mancherley fleylsch
Vnd kuchen speis wie ich die heyß
Von erweyß reis hirs kern vnd linßen
Darmit man stet dem bauch mus zinßen

Auch sint zu der narung nüt fel
Heyd gerst habern vnd weytzen mel
Von kreutern kol mangolt vnd penet
Salat vnd was man sich gewenet
Knoblach aschlauch tzwiffel vnd kern
Senff salsen rettig als ich wen
Hüner enten gens fogel vnd tauben
Klein vogel daruon tzu klauben
Beid zam vnd vild auch speck vnd eyer
Wan man gar hart geret der tzweyer
Keßkorb Brotkorb ein haffen bant
Rot ruben hat man yr gwant
Von weychßel vñ von weinber latwergk
Noch eins kan ich nicht wol vorbergen
Ein puchs mit allerley spetzerey
Darmit man gibt fisch fleisch vnd brey
Vnd was geschlecht man haben will
Hiemit sey der dinck auch ein tzil
¶ Vorth ich in die schlafftamer schleich
Wer dan ein beth hat semfft vnd weych
Der rut des nachtes vil derster baß
So yn nit yrt diß oder das

Ein spanBeth vnd ein strosack dreyn
Do offt die meuß außhecken ein
Küß polster leylach decklach deck
Ein deck Beth wo das alles nicht kleck
Pelzdeck schalaun vnd golter mit
Ein himel daroß wo es ist sitt
Nachtschuch naßhthauben zimpt auch
Wer dar an spart der ist ein gauch
Leuchter Bruntzscherb sint auch guth
Truhen kinsten darin man thut
Hemd wames kittel peltz vnd schauben
Sock zipffel Baret hut vnd hauben
Gurtel Beutel taschen vnnd Bruech
wüschtucher nesser vnd hendschuech
Gewantkelter leden pulpet
Vnd etlich Bucher zympt mit
Rock mentel kappen was der ist
Nach summers vnd winters frist
vnd was sunst in den truhen steckt
Pffeffertuchen latwergen vnd confect
Ich geschweig was ist von silber geschir
Die manchen ym haus nitt fast yrr

⁋ Darnach was als ghort yns bade
Ein krugk mit lawen ist nith schad
badsack badschwam ein heris tuch
welchs man darff das man es her ſuch
Schemel Badfleck Badlach Badbeck
Stūl Badhuß kyſſen das man legh
⁋ Vort ich mich in den keller mach
Ob nit ein trunck klein folge hernach
Jm keller darff man manch zu buess
Wein Byer kraut ruben opffel nuß
Birn qwitten keſten meſpeln gleich
Nach dem eyner arm ist oder reych
Ein saure milch zu dem gebraten
Kan man bey geſten hart geratten
Vnd vil geschlecz das man ein mache
⁋ Nun nempt des keller zeuges acht
Fas bötter tuner zapffen hannen
Centner dricheer flaschen kannen
Wein leyter weinleger hebrigel
weyn seyl probir krauß vnd liechtdigel
Weinror damhader vnd demmeſſer
wan nichts vertut es wer vil beſſer

Ich main man deht ym sunst we gnugk.
Mit schwebel vñ auß dem milch krugk
Senff weid asch eyerclar vnd thaen
An was man thut mit wasser tzwagen
Vnd wie sein weiter tzimpt zu warten
mit gschmaltzē speck mit schwei schwar
Mit suesse wurtz mit glatter schmir(ten
Do von nichts ist befolen mit
Dann das man zu sehe in allen ecken
Mit zangen klöpffel vnd fas decken
Vnd alles meß geschir sein verhanten
Vntersetz schusseln spunt vnd stanten
Der man hatt eins geratten kan
Ob man an nicht wil mangel han
¶ Hiemit ich aber weitersingk
Czu melden sunst gemeyn dingk
Holtz koln spen scheyter axt vnd beyl
Anhaw schrothack schlegel vnd keyl
Borer vnd neßigher darff man wol
vñ d büberey vil so mā etwas bessern sol
Schnitmesser schnitzer hämer zangen
Negelein zu schlan vnd braus zulangn

Ein sege ein hössel nimt dar bey
Wil man entleyhens wesen frey
Man darff auch leitern schauffeln hawe
Schaff wannen zůber do die frawen
Teglich ein dewen knorzen vnd sudeln
Waschen banchen laugen vnd prüdeln
wasch stock waschtreck muldē vñ blwel
Garnrocken haßpel stranck vnd klwel
Scher eln nodel fingerhuet zwirn
Fogel hunde katzen knecht vnd dirn
Marckorp drachkorp marck sack kärnie
Gollicht vnd wacho licht an die wyt
Des nachts mit nicht vns könen geregen
Schwert messer spies brot messer degen
Streythack worpbeil kuntrel vnd stangē
Do allerley wirt an gehangen
¶ An was man auff die böden legt
Das von mir bleibt vnauß geeckt
Vnd man zu roß haben mus
Vnd in die gerten manch gubaus
Welchs man den reychen als zu miß
Do ven mein maynung hie nith ist

Auch was yedes hantwerck bedarff
Solchs zu erzcen wer mir zu scharff
Wan yedem sein recht zu geburth
Dormit ich gar vil zeit vorlor
⁋ Dan so das weib mit einem kint gehet
Graw vnd vntrewe yr zu stet
Witt schwer vd rossen schluchtisch tregk
Wer glaubt das sey ein trid nit weg
Höcher dan vor zwen oder drey
Vnd gewint so manchen glust darbey
So die geburt dan neht er zu
Wol auff das man zu richtung thu
Mit kauffen was das kind bedarff
Das offt eym armen ist zu scharff
Ein strosack wigenband ein wygen
Kan man hart in ein ecken schmigen
Eß nymbt die halben stuben ein
Sol man darumb vngearbeit sein
In die tamer ein wiegen banck
Darauff sich hebt dz nachtigal gesanck
⁋ So dan das weib geberen sol
Erst witt der man gebeyniget wol

Mit eñn heist man yn holen die amorñ
Dan weiß den nachbewrin zu samen
Das man dem weiß ein Beystant thu
Erst hat der man noch rast noch rw
So langk biß man ym bringt die mer
Ob es ein sye sey oder ein ehr
Vnd auff ein gefattern weiß zu sinnen
Vnd zu der kynttauff leut gewinnen
vnd nach eynem pfister erst vmb lauff
das man sich furder zu der tauff
Ein Badt mulde ein wester hemd
Das yn vor der Ee alles was frembde
Kyndes meit ludel ein schlotterlein
Milch mußmel digel mus da seyn
Ein furhangk wo es ist der sit
Weywasser wurtzgeweichts wachs mit
Do man nechtlich mit kreutz vnd weige
wie eß der man auß sint vnd dicke
So muß drauff gen auß fadt auff gehous
Dar durch er denckt ya wer ich dort
Geweßen do der pfeffer wechst
Do ich den hantschlag thet zu nechst

Ich wer dardurch hartkűmen her
Was sol ich weiter sagen mee
Erst hebt sich grisgramen der tzen
Jm gibt die kellnerinne tzuuorsten
Gib her der frawen tzimbt kein bier
Das man tzum ersten essen schier
Ein maß wein Bring wan sie ist schwach
Vnd maynt ir schicken gut gemach
Do gehnt zwen pfennigk vngelts do hin
Vnd eyner als Bald dem wirt zu gewin
An was er vmb keßwasser geit
Vñ was gewichs mhr ins weyn suß leyt
Die gesuntheit die ich dar in spűr
Mayn ich trunck sie ein Bier dar fűr
Es wer villeicht noch also guth
Hat dan der man keyn hinter hut
So wol auff bald zu den vngerausften
Jha wan in vier beym har flur raufften
Er qwem sein vil leychter zu
Wol auff schwer die losunge morgn fru
Do mocht dem teuffel erst vor grawen
Es hilfft kein hintern orn krawen

Rock mantel kappen gen do hin
Ich schweig des werckzeugs wā ich hūt
Sein drei iar innen worden eben
In iedem drei losung zu geben
Cz wo den in den eyne den hern
Als das noch mancher mag bewern
Wan solt der ind mir vier guldē leyhen
Must ich mich zwelfer werd vortzeyhen
Vnd was fro das es darbey bleyb
Ob er den wucher auch beschreyb
Do weis ich nicht zu sagen von
Vnd mein er sech mich dar fur an
Das er der muglich wol geriet
Nun beidt es hat kein end noch nith
Frew dich der zins ger auch daher
Suge yn an yeder hant ein ber
Das ym das blut aus den negeln dring
Er meint das ym vil bas geling
Das iar get hin der zins ber rut
Doch ist ein haus wirt offt so gut
Das er nich mer nymbt dan do ist
Borgt ym des andern lenger frist

Jdoch thun sie in vbertschnellen
Dan kurtzlich warn all dise gesellen
Fliehen grōs zins er wechst teglich
Vnd macht man nur die witt mit reich
Der mancher ein gewissen hat
Ein gens qwem von eyn wolff so drat
Wo bleibs dan meyd vn knechtes lon
Die yn vor alle dinck wolen han
Nun dar ich wil mich des enden fleyssen
Ehe es sich weiter ein wirt reyssen
℟ Darumb von der materia nith mer
Dan welcher armer gesel stelt in die Ee
Jst ym verhin wol ym wirt darnach wee
mag er so lern zu vorā schreybē lesen wer
Dem get vil sach dester leicht zu (dz kan
Dan lern ein hantwerck was er thu
Darmit man sich bergen mit ern
Vnd weiß vnd lint wiß zu nern
Vnd dien getrewlich wo er sey
Im wone der nutz zu letst selbst bey
Vnd witte gos auff aber ab
Das er ein weil gewandert hab

Vmb das er etwas bring zu lant
Das sunst darhyn ist vnbekant
Wan mancher mit eym stuck auff kübt
Das ym forthin sein lebtag frumbt
℟ Darnach rat ich den dyrn des gleychen
Wöln sie armut vn schäden entweychen
So soln sie haben alweg yr zuflucht
Czu warer scham vnd steter zucht
Geben sich nicht bey zeit an wein
Noch zu genesch wie das mug sein
Czich sich nicht schluchtisch sey nit faul
Vnd las kein bos wort aus dem maul
Flich spot redt vnd al böß nach Menck
Das man nicht ergers auff sie gedenck
Vnd fleis zu kochen sich al tage
Das nicht ö schaur beym herd erschlack
Dan wolche wol eyn kauffen kan
Vnd kocht das man genuck hat dran
Vnd ordent al sach wol ym haus
Vnd trag nicht merlein ein vnd aus
Die folgen meiner trewen ler
Vnd bácken Hans Folgen Balbyrer

Hie in finstu zů einē nůwē Jar
Einen Hußrat den hon ich dir für war
Vß der nesten Meß für ein Krom gebracht
Nim es yetzund vergůt vnd nit veracht
So wil ich zů nest baß an dich gedencken
Vnd wil dir etwas vil bessers schencken.

Nu hör meyn früntlichs lieb alß du mich hast
Offt vnd vil gebete vmb ein Krom gar fast
Zü bringen von der Kirwyn oder meß
   Vnnd forchtest alweg das ich dyn vergeß
Nun glaub mir fürwar das ich getrülich
   An dich gedenck als offt ich dich nur sich
Vnnd das du da auch habest die wale
   Zü nemen alles das dir geuale
So bring ich dir hie mit gutem müte

Ein hübschen Hußrat den nim für gütte
Eben yetzunt zů einem nüwen Jar
　Vnd was ich dir wünsch dz werd ouch war
Ob dir dan hie nach etwas mer gebrest
　So wöllest doch dißes Jar thuon das best
Bis ich ins Niderland gen Franckfurt far
　So bring ich ir villicht ein andere War
Dan ietzt ich dir ein Bürde besem bring
　Feg vnd ker schön dz Huß / wüsch es gering
So kan man dein fal Megt nit erkenen
　Ob ich dir vileicht frömd Gest würd senen
Damit das du sie habst deßt bas zů Eeren
　So wil ich dir hie dein Hußrat meeren
Vnd bring dir fürtücher grobe vnd rein
　Vnd zwen schüsselkorb die synd nit zů clein
Dar inn Schüßelen / Teller vnd ouch Kar
　Groß / clein Suppē vnd Bryloffel ein par
Des gleichen ouch die pfannen zů dem Bry
　Hefen / Krüg vnd Bumppelfeßlin dar by
Dar in man Keß vnd och den Ancken macht
　Vnnd ouch das Löffel koeblin nit veracht
Dann dar in stecken vil der schöpffer gůt
　Da mit man mancherley Speiß essen tůt
Ouch ein Pfantryfüß vnd ein Ribysen
　Ein Leiter die dich důt zů dē Speck wysē
Der da hanget obnen an dem balck
　Zwen drin hesen vnd ein hültzner Schalck

Den mag man wol zů Fisch sieden brnchen
Vnd zwo Gablen hörend in die Kuchen
Vnd die dritten bruchet man zů dem Hey
Ein eyserin pfenlin drüw oder zwey
Ein Hafen reff vnd dar zů ein Saltzfaß
Ein Hael vnd ein Kessel der ist vol naß
Vnd hanget mit Wasser ob dem fuer
Ein Hünerkorb bring ich dir och zů stüer
Dar inn wier Genß vnd Enten mesten
Ob ein Blaßbalck macht dz für vff glesten
Dar mit so wörmt man dan die Bad Bütten
Zůber vnnd Kübel vol in die mitten
Dar in man dan das wasser zůher trůg
Vnd ein Krůg zů d Lougē dz man zwag
Zwen Bilgerstēb vnd bschlagē Brotkorb gůt
Ein hültzi Schlag damit mā weschen důt
Ein rundes Sip zů rüttern was man wil
Ein Löffelgürt mit ieren Löffeln vil
Vnd ein Kolben gehört zů dem Mörselstein
Zwey Hackmesser nit zegroß noch zeclein
Da mit mā das Krut vnd Fleisch důt hackē
Ein fürblas die blas zů beiden backen
Zwen Dryspitz die zů bruchen in gemein
Zinin schüßlen vnd blatten groß vnd clein
Ich bring dir ouch Häffenteckel gar vil.
Die mag man wol brechen wan man wil
Ouch beschlagen Eimer zů dem brunen

Vnd hab ich mich dan hie recht besunnen.
So bring ich dir schyb vnd ketten damitt
Vnd ein Wasser stendel mit einem lydt
Glasürte pfennlin dieff vnd auch flachen
Dar inn so wöllen wir die Eyer bachen
Ein Ysopbesemlin vnnd auch ein Schab
Da mit so fegt das vnsauber herab
Ein vmgend Senffmül vñ ein mörselstei
Ein Büchschragen vnd zu den Spen ein zeyn

Zwen Brunnen keßel vnd ein Kesselring
Ein Wasser pfañ ich dir ouch dar zů bring
　Die etlich Bollen oder Gatzen nennen
Des Strichtůchs bedarffstu dich nit schemē
　Das wir den pfeffer dar durch tůn tryben
Ein Sißbeckin darinn nüt dût bliben
Ein Bütel vaß vnnd ein Klyen tonne
Ein essich krůg den stelle an die sonne
Ein keßrüße die henck vff an den rauch
Zů keß vnd würsten vnd ouch zů knoblouch
　Ein Bratpfanē/rost/Spiß vñ knechtlin gůt
Ein Trichel ysen bruchstu zů der glůt
Ein Liechterform mit allen ieren plunder
Steß Wörmysen vnd Narten dar vnder
　Hang/vnd och Schür ysin zů dem Tygel
Ein Brennysin zů zeichen wie dyn Sygel
　So mit magstu zeychnen als dyn Geschyr
Das zanckysin lůg vnnde nit verwir
　So mit magstu vil kurtzwyl vertriben
Papyr dynt vnnd federn gůr zů schryben
　Bymß vnd firnyß santbüßlin vnd lyngal
Styler Griffel Wachstaflen bzeyt vnd schmal
　Darzů ein Schribtisch der ist recht gesiert
Mit seynen Ledlin fast wol geformiert
　Dar bey ist penal vnd ouch Calamar
Schryb messer Scherlin der yedes ein par
　Orgriffel vnd scharpffe Ougen zengel

iiii

Wild vnd ouch die zamen feder kengel
Hocken/schrüblin vnnd Negel an die wend
Zů machen wider vnnd für an alle ennd
Ouch ein füwer zeüg/stein/stahel vnd zund
Vnd die schwebel kertzlin ligent besunder
Spicknadelen vnd ein gütten speiß Schanck
Ein Küchin kensterlin das ist fast lanck
Ein liechter schirm vnd ein zalpfening brett
Ob yeman keme der Gelt zů zalen hett

Das du es da mit nit ÿetest hindern
   Mint halb darffstu dich des nit bekÿmern
Vnd bring dir ein Ball mit ierm Fütterfaß
   Ein schöne Spiegel vnd ein Wasserglaß
So magstu dir den Harn lassen bsehen
   Durch ein filtzhüt als offt ist geschehen
Einen Schöm löffel der hat vil löchel
   Ein klein Ambößlin vff eynem Blöchel
Hamer vnnd zangen Börlin vnd Nägel
   Ein Brech / eyn Hechel die ist vol Agel
So mit machstu das werck vñ den Flaß reyn
   Kunckelen vnd wirtë vñ Spindlen kleyn
Dar zů ëyn Hüpschen Kunckel brieff gemolt
   Mit Bylden fyn vnde von schönem Golt
Och so müstu eyn pater noster han
   Eyn vergülten Byßem apfel groß dar an
Vnd sunst schöne zeychen Corallen knöpffen
   Eyn Guldiner Ring mit Löwen köpffen
Vnnd etlich Glat / vnde etlich gewunden
   Eyn Bedtbüchle das Hüpsch yngebunden
Das du hin zů der Kyrchen mit dir Treyst
   Eyn büch Pultum dar vff ÿn och leyst
Deyn Cronicken Bibeln vnd Legenden
   Vnd andere Bücher zů deyn Henden
Der bring ich dir vil gůt mit niwer Trück
   Dar inn Lyß gern vñ vil d3 ist dyn Glück
Vnnd Leg sy vmb dich an vil end vnd Ort

Dañ vil Bücher das ist der edelst hort
  Den da nyemans hoch genüg mag schetzñ
Dañ man mag sich darinn wol ergetzen
  Zů vor vß so lůge mit gůtem flyß
Vnde des Narren büchlins nit vergyß
  Das doctor Brant hat vor zyten gemacht
Dar inn mag man wol wyßheyt haben acht
  Vnd dar vß lesen was man ye will
Ich bring dir ouch vil vnd gůt Seytenspyl

Claffzymel/Harpffen/Luten/vñ Gygen
Ein Orgel die da vertrybt das Schwygen
Schyt/Rotten/Flügel vnd Psalterien
Zyncken Trometē Pfyffen vñ Schalmyen
Busonen vnnd Böcken mit der Flöten
Vnd dar zů vō Meß vnd Scheffin seyten
Vnnd das Hemerlin do mit man eß riecht
Lyechtstöck/Abbrechen/vñ Kertzen llecht
Keffig zů Vöglen vnd ouch vogel stengel
Vnnd zů Haselnussen ouch eyn zengel
Do mit man sy dañ senfft vffbrechen mag
Vnde die Zen sparen am Frytag
Benck vnd Lotterbet/Schragen vnd Sessel
Stül/Schemel/vñ ouch eyn surachfessel
Och Schefft zů mancher hand an die Wend
Zů lüchtē ei Hirtzhorn hat wolzwetzig end
Das hencke dann mittel in das Gaden
Ich hänge dir ouch eyn Näpff zů staden
Ein Bürste eyn zwaghuß vñ ouch ein Sttel
Do mit reyn dyn houbt vñ der Lüse nit fel
Ein vmbgend Walholtz an die Stubentür
Zůr Zwehelen die gat wider vnnd für
Dar by ein Gießfas mit eym hlipschē henlin
Ein Messin beckin vnd ouch ein Kenlin
Do mit man Herren zů Tysch wasser gyt
Vnnd ein subere Zwehel ouch dar mit
Vnd dar an gar vil mancher hüpscher Troß

Ein Vrley/Compaß vñ och ein Stunglaß
Vnd dar bey ouch eyn Astrolabium.
  Der Sonnen zeychen syn zwölffe dar vmb
Ouch eyn Laßbrieff zeyget dir lassen gūt
  Zūr grossen Zehen in einem Filtzhūt
Eyn Messene Ampel ouch eyn Lucern
  Groß vñ kleyn Meß zū Weyß vñ zū Kern
Dar zū eyn Wanne St reyche vnd Scharen
  Eyn hangenden Wagen gūt zū faren
Dye Roß dye standt zū der Leren Krypffen
  Zum Lym eyn Benselin vnd eyn Düpffen
Eyn Würtzstein/Stösser/Lidern küssen
  Lange pfulwē/Stūlsach/zwū würtzbüchßē
Dar yn man pfeffer vnd Negelen dūt
  Jmber vñ zymmet vnd ouch Muscat blūt
Vnnd sölch geschmeys Weiß keßlin sein
  So man wedel vnd das Wihwasser dūt in
Saß Schüßelin vnde misch Kentlin klūg
  Vnd zū dem Boumöl eyn Grönen Krūg
Sylberin köpff Becher vnnd Guldin faß
  Kante vnd Schalen vñ manch feltze Glaß
Eckecht/Stachelecht/Hoch Eng vnde wyt
  Vnd was man brucken soll iezū zyt
Von Kanen vnd fleschen groß vnde clein
  Dar bei ein gūten Trechter ich ouch mein
Löffel von Flader vnd ouch von Bußę
  Ein Klüffellin das man die Nuße

Vnnd aller hand damit vff clopffen mag
Ein Garnwide/Haspel vñ ein Tisch schrag
Ein Hörnelin da mit man die Würst fült
Vnd Clötzlin siere damit mã Schnür trült
Vnd die Schnür macht an der Gagel rennen
Ein dutzent bendlin die synd zü verbrennen
Ein Wacken steyn der in der Kachlen lyt
Dar an man wörmber die Hende zü zyt
Ein Spylbret vnd ouch ein Schachzabel spyl

Ein Wag ein Anmes vnd ein Pfeffermyl
Kugel vnd kegel/Walen/vnd ein kart
Bölring dry Würffel vnd sunst ein Haßhart
Ein schlüsselschnür hefftring vñ nadelbein
Wachßstöckle/Spyñredlin vñ ein Metzleyn
Ein zuckerledlin vnnd ein Leckůchen
Den magstu des Morgens frü versůchen
Er ist für die gesuntheyt ser fast gůt
Ein Laßbinden vnd ein kechelin zum Blůt
Ein Bredigstülin vnd ein Stricknadel
Zů Hůben zestricken ouch ein Model
Alle Formen do mit man küchlin bacht
Walhöltzer vnd redlin mit den mans macht
Ein Jgelßbalck der die Hund erschreckt
Ein Tüchlin dar yn man die Gnsen steckt
Den kinden/Růten/Buppen/vnd Ballen
Stoßredlin/Clöß/Müße vñ Rattenfallen
Ein Bret dar vff mã Müß vñ suppē streit
Ein pfañholtz da man die Pfannen vff leyt
Als dann das im Algöw mächer wol weyß
So man im die Pfannen bringet so heyß
Dar in sternichte Eyer vnd habern Brey
Ein krůg mit Wasser ist ouch offt dar bey
Gersten/Bonen/vnd ein Kachelmůß
Da mit důt seynem hunger mancher bůß
Ein Gastmesser vnd ouch ein Fatziler
Das einer zů Tisch vff der Achßlen het
Vnd das er die Tischlachen nit beschyß

Ein gewand Beßemlin võn kleynem ryß
Ein hüpsch gspänē Spanbet dz wol geseylt
Dar für die Schemel vnd die Matzen getelle
Strousack/Bedt/Küssen/vñ die leinlachē
Ein kachel ist gůt Brüntzlen yn zů machen
Vnd was einem not mag tůn zů zeyten
So es den stůle nit mag beschryten
Vnnd so im der buch villicht dut kleigen
Das es des geschmack nach nit darff fregē

Den Stůl bedeck wol mit eynem Küssen
　　Ouch bring ich dir vil Latwergen Büssen
Vnd sunst hüpsch Wurtzgarten ich dir bring
　　Die stel für das Fenster vmb gering
Dar von so machstu dan ein Krentzlin schon
　　Vn̄ wā du wilt zů dem Tantz dar mit gon
Daran seind Blöimellyn vergiß mein nit
　　Die blůgen Winter vnd in Summer zyt
Ouch allerley Vogel die da singent
　　Vnd zwei wilde Reichböcklin die da springẽ
Affen vnd Merkatzen die machen lust
　　Ein papagey vnd ouch ein Sittecust
Arcken/Schryn/Kisten/Trög vn̄ Ledlin syn
　　Da legstu Kleider vnd Kleinter yn
Ein güldner Güttel dir ouch schier würt
　　Mit eim Senckel lanck vn̄ eim schönē Burt
Ein Hep Seges/vnd Sichlen in dē Garten
　　Trög/Trenckstei/Rechen vn̄ ochs üwnartē
Hültzin Buchzapffen vn̄ Hasen lumpen
　　Vn̄ heu schafft höw einen gantzen klumpen
So soltu das geschir mit laßen riben
　　Das nit der schmutze dar an tüg bliben
Einen kröpff hacken vnd ouch Mistberen
　　Ein Roßkamp/strigel/vn̄ ein pferd scherñ
Schwert/schweinspyeß/Tegē vn̄ Hellepartē
　　Vnd ein Schermesser das ist vol scharten
Reff/Flachs/Brechē/Schöb/vn̄ hüner nester

Vnd fünff Genß eyer yn einem sester
  Ein Weynleiter mit einem langen seyl
Die Stich zepflin findt man nit allweg feyl
  Man müß sy vß den spindelen machen
Ein öselin ist güt zü fladen bachen
  Vnd eyns dar vff man vil der wasser bryņt
Ein trot dar von byrnmost vnd stroch rint
  Kerch/zeynen/Benen/Wecke vñ schlegel
Egst/Byßel/Karst/Howen/vnd pflegel

Ein Schnitzelstück vnnd ein banck zů tregen
Treigysin/Hobel/Borer/vnde Segen
Vñ ei winckel meß/zirckel vñ schwertz schnůr
Eine Hußschlitten zů der Winter fůr
Dar vff ferstu des nachtes yn dem schne
Fruirt dich schon so důt es dir nit fast we
Du darffest dich ouch dar ab nit klagen
Sein Rößlin můß ouch vil schellen tragē
Das selb das fröwet dan die iungen lappen
Sye nement die von der Narren kappen
Vnnd sy hencken die dan den pferdelin an
Ouch so můstu ein butzen anlyt han
Das man dich nit solle kennen da mit
Wie wol mancher der bedörfft seyn gar nit
Er wer sunst on das ser genůg heßlich
Ob er doch nit also verbutzet sich
O ch bring ich ein Ruckorb vnd Wurmysin
Ein schwinggertē macht die Nuß ab rysen
Ein Krewel/schnitz messer/ vñ Höw spatzē
Ein Krutkerblin volle n iunger katzen
Ein schönes hündlin das hat lang zotten
Ein Korb mit růß noppen sint gesotten.
Sie wend wir dan yn den kumpost legen
Sie selben soltu nit an welden regen
Biß das sy d ir in wol ersuren ouch
Mit weckolter/Nat kymich vnnd surouch
Jsop/Bolleyen/vnde Pörrelich

Lym ruten/Cloßen/Hürten vnd ouch flück
Es synd Lerchen/Suben/od Schwalmé
Wurffgarn zů fischen vnnd zů Salmen
Ouch Gruppen oder kopten vnd wyß fisch
Grüdelen/Steynbyß/Schlyen/vñ Rynfisch
Breßmē/naßen/kressen/kreps/vñ rackfisch
Rencken/Eschen/Bersich vnnd schnot fisch
Pfrellen/Rötling/Bliecten/v ñ zübelfisch
Rynhecht/wyerhecht/Lechs/Barbē/Meyfisch
Ael/Müncken/Leymparten vñ wyß fisch
Röttelen/Berlin/Alblin vnnd stockfisch
Rufolcken/Roppen/Syschen/vnd hering
Husen/Recken/Platyslin vnnd Bückling
Selmling/Wylling/schelig vñ hüwerling
Kuten/Durkolbē/schnetterling vñ stichling
Ouch zů Karpffen/hechten/Forhlē Kressen
Vnnd wiltu gern cleiner fischlin essen
Seren finstu wol vil zů straßburg weyl
Zů aller der zyt ein groß michel teyl
Ouch wildpret vnnd fogel zů gemeyn
Von wilden enten vnd sunst groß vñ kleyn
Krebs/Ryßen/floßschyff/rüder vñ kruckē
Schiff vnnd geschyr wie man es sol bruchen
Wellen vñ wartolff/Schnür vñ ouch angel
An hußrat laß ich dir keinen mangel
Ein eychhorn das deyner dochter streychet
Vnnd dir etwann vff den Schleyr seychet

c ii

Ein Atzelenkeffych bring ich dir ouch
  Daryn ein Atzel die brytet ein gauch
Darzů ein Heher vnnd ein Hetzen
  Vnd ouch ein Vůlen die kan wol schwetzen
Vnnd ander der glychen seltzen vogel
  Ein hapich ein müßkorb vnnd dry logel
Die soltu almal bruchen vff das feldt
  Vnnd glust dich zů essen vnderm gezelt
So gang gen Straßburg vff rüwern owen
  Da magstu yr bey tryssigen schowen
Ouch bring ich etlich arßwüsch die synd reyn
  Da lůg vnnd mach sy nit garzů kleyn
Sie möcht sunst gscheßen alß du wol weyßt
  Da du dir den finger schyer alle bescheyßt
Nun gebrist dir nichtz dann schindelteller
  Sie bring ich da vnd ein sack mit heller
Thurnyß/Groschen/Plaphart/vnd Blancken
  Ducaten/Kronen/Noblen vnd francken
Dar vmb kauf dir beltz mentel hemd vñ rock
  Schleyer/Stürtz/schürlitz/vnd sydine letz
Du kerst dich on das nit an predig gschwetz
  Jch bring ouch berlin zeyn vñ ander gsmyd
Trasen vnnd gebend alle klar von syd
  Sammet/Dammast/Saffet vñ kermesyn
Schamalet/Burset/vnnd ouch arraß seyn
  Gůte fůter mit zobel vnnd hermlyn
Von marder vñ Vehe/Iltyß vnnd Luchßhůt

Von Ottern/Lepart/Biber/vnnd Füchßin
Võ Künglin/Möschin/vñ ouch kilwimen
Ich kan es nit wol alles genennen
Zů vor vß vil kostlich edel gstein
Saphyr/Smarackden beyde groß vnd kleyn
Pallas/Topasion/vnd ouch Robyn
Dyamant/Karfunckel klar võ liechtẽ schyn
Ein Amatist vnd ein Gamahy
Vnd ouch allerhand heydisch werck dar by
Sry wepp võ hanff/wollē/werck flaß vñ lyn
Da mit so fül deyn kysten/trög vnd schryn
Ouch so bring ich dir gar mancherley wyn
Passuner/Welschwin/vnd Malnesyer
Tramyner/Reynfal/vnd Romanyer
Win de Curß/Muscatel/võ Montflaschenn
Ser machet ein schlaffen hinder dem zun
Potzener/Bryßgower/vnd Neckerwyn
Vnd den gůten Elsesser von dem Ryn
Ouch deyn höw/strow/speltz/rockē/vñ weyssen
Gerst/Habern/hyrß/Linsen/vñ Erbeyssen
Himper/Ertberen/Schifen/kyrßen vñ wick
Vnnd der gelychen manches seltzam stick
Sie ich yetz nit wol kan all genennen
Ich meyn du soltest selbs wol erkennen
Was man ym hůße me haben sol
Das iar ist lang du befindest es wol
Was du bůst manglen vñ ouch hetest gern
Vñ es doch noch lange zyt můst enbern

Het ich dir es nit gekroniet hie mit
In scriptis hie yn das verstastn nit
Es ist aber also vil gesprochen
In leren hefen ist nit gůt kochen
Doch so ist es ouch für treyssen gůt
Wer da wenig hat vnde vil verdůt
Der behalt seyn hußrat nit die leng
Ettlichem dem důt seyn hußrat so eng
Er besorgt er werd sich dar an stossen
Er laßt yn vß freren vff die strassen

Saltzstu es nit recht es gerüwet dich
　Ich bring dir sicher ouch ein Badbütten
Bedket mit eyner Schoubin hütten
　Darzů so můstu gůte Krüter hon
So würstu ouch schwytzen wol dar von
　Doch drinck vor von gebrente duben kropff
Das důt wol deynem magen vnnd dem kopff
　Vnd machet deyn blůt sich Temperyeren
Ich bring dir ouch gůte Regels byren
　Epfel vnnd aller hande zů essen
Der standgelten hab ich nit vergessen
　Dar ynnen wir kelten wöllen den wyn
Der dunckt mich der aller best huszrat syn
　Ein Bog/vnnd ein Becker tannen
Ein Kumpost stendel vnd Glůt pfannen
　Ein glen vn hadbůschs armbrost vn winde
Vnd ander geschoß wie manß soll finden
　Ein Küriß gantz/Helm vnd Isinhůt
Vn ander harnesch hürnin Isih vn stahel gůt
　Dartschē/schilte/pantzer/schůrtz/vn kragē
Hundß kappen hat man ettwann getragen
　Vnnd spitzige huben vß Engelland
Ouch bring ich dir Arm vnnd beyngewand
　Das sol geschickt an den wenden hangen
Vnnd das federspyl stat vff der stangen
　Die beschmeyßen dir die wend vnd balcken
Ich bring dir hapch blosueß vnnd falcken

Sperwer/Schmyrlin/sprintz/Kutz vn̄ Jlen
So mit so magstu dich wol kurtzwylen
Rechseyl/Wiltgarn/zū Hirtz vn̄ zū schwynē
Ein Hatzen garn vnnd Stebe zū zūnnen
Wind/Jagh vnd/vogel hund/vn̄ ouch brackē
Vn̄ die leydthundt die die spüre schmacken
Vogelgarn/Krucklen/Hawen vn̄ ouch pfel
Pfelseyl/vnd Fluckstetz zuck bald vnd nit sel
Zū repḣönern/Wachteln geschir vnd stryck

Vnnd das er vormals türe hat kofft
    Das selbig dann durch den buch hin lofft
Vnd lert seyn buß mit spyl vnd eschantzen
    In wyten hüsern ist gar güt dantzen
Man sycht die flöch wol dar inne springen
    Aber noch eins das du ich dir bringen
Des het ich bynahent vergessen gar
    Hett ich des kindes nit genommen war
Das mir nechte spat vff meyn geren macht
    Der wiegen vnd des wagbanckes hab acht
Der wagschnür/ Strosecke vñ ouch d windel
    Gehören mer dann zu einem kindel
Vnnd sind so reyn vnnd wyß gebucht
    Ir keyns wart vormalß ye gebrucht
Vnnd datzü ein Sydines decklachen
    Das hab ich küw aller erst lassen machen
Ein Westerhemdlin das ist Sydin von
    Zwey Rote schülin vnnd ein Beltzlin schon
Ein Temnin zuberlin dar inn mans bad
    Deck es zu das im der Lufft nit enschad
Vnnd mach ym das Wasser nit zu warme
    Vnnd nym es dann wider an deyn arme
Vnnd setz es dann für dich vff deyne schoß
    Vnd sög es dann wole so würt es groß
Dentzeliers vnd mach es ein bömlin ston
    Ich bring ein kerchlin da es lernt an gon
Vnnd ein Gespiegel über seyn köpffel

Weych birn vnnd ouch gebraten öpffel
Die küwe vnd welch vnnd strych sie im dä yn
Vnnd setz zů dir ein flesch mit gůtem wyn
Vnnd drinck so mágst es dest bass gesögen
Vnd mütterlyche trüw ym erzeugen
Ein hültzen am vnd ein zyblecht kennel
Ein Brockten schüssel/vñ Bappē pfennel
So brock ym yn vnd ler es dan essen
Ouch so was mir darzů nacht vergessen
Das Stülin dar vff es dan Rößlen sol
Die selben roßen schmecken nit fast wol
Sein Süw vnd ferlin mösten da mit sich
Nun damit häb ich gantz versorget dich
Vnnd dir deyn huß also wol versehen
Mit hußrat das du selber müst yehen
Das es vff diß mal sy eben gnůg
Da mit so brich ich yetzen ab mit fůg
Vnnd das du meyn mögst allzeyt gedencken
So wil ich dir me vñ wytters schencken
Meyn hertz vñ gůten willen synn vnnd můt
Vnnd behüt dich got nym hie recht für gůt
Wann du hast ein recht wol versorget huß
Et cetera Buntschůch es ist nun vß
Vnnd ouch was ich gůts tůn wünschen dir
Des glychen wünsch du har wider mir
So bången wir glück vnnd heil zů samen
Ade comen da/ nun sprich du Amen.

www.ingramcontent.com/pod-product-compliance
Lightning Source LLC
Chambersburg PA
CBHW020150170426
43199CB00010B/966